ANQUAN SHENGCHANFA SHIYONG WENDA

安全生产法实用问答

新旧对照 · 典型案例 · 流程图表

2021

法律出版社
LAW PRESS·CHINA

图书在版编目（CIP）数据

安全生产法实用问答 / 法律出版社法规中心编. --
北京：法律出版社，2021（2021.11 重印）
ISBN 978-7-5197-5708-3

Ⅰ. ①安… Ⅱ. ①法… Ⅲ. ①安全生产法－中国－问题解答 Ⅳ. ①D922.545

中国版本图书馆 CIP 数据核字（2021）第 113581 号

安全生产法实用问答
ANQUAN SHENGCHANFA SHIYONG WENDA

法律出版社法规中心 编

责任编辑 张红蕊
装帧设计 臧晓飞

出版发行 法律出版社
编辑统筹 法规出版分社
责任校对 陶玉霞
责任印制 张建伟
经　　销 新华书店

开本 A5
印张 5.5　**字数** 120 千
版本 2021 年 7 月第 1 版
印次 2021 年 11 月第 3 次印刷
印刷 固安华明印业有限公司

地址：北京市丰台区莲花池西里 7 号（100073）
网址：www.lawpress.com.cn
投稿邮箱：info@lawpress.com.cn
举报盗版邮箱：jbwq@lawpress.com.cn
销售电话：010-83938349
客服电话：010-83938350
咨询电话：010-63939796

书号：ISBN 978-7-5197-5708-3
定价：25.00 元

凡购买本社图书，如有印装错误，我社负责退换。电话：010-83938349

编写说明

安全生产是关系人民群众生命财产安全的大事，是经济社会高质量发展的重要标志，是党和政府对人民利益高度负责的重要体现。党中央、国务院高度重视安全生产工作，多次强调各级党委政府务必把安全生产摆到重要位置，统筹发展和安全，坚持人民至上、生命至上，树牢安全发展理念，严格落实安全生产责任制，强化风险防控，从根本上消除事故隐患，切实把确保人民生命安全放在第一位落到实处。

2002 年 6 月 29 日，第九届全国人民代表大会常务委员会第二十八次会议通过《安全生产法》，并分别于 2009 年、2014 年和 2021 年进行了三次修正。该法对预防和减少生产安全事故，保障人民群众生命财产安全发挥了重要作用。2021 年修正后的《安全生产法》突出问题导向：一是强化了生产经营单位主体责任和政府监管责任；二是针对安全生产工作中出现的新问题作出回应，例如对平台经济等新兴行业、领域的生产经营单位的安全生产、安全生产公益诉讼等作了规定；三是完善了安全生产违法行为的类型、提高了对安全生产违法行为的行政处罚；四是完善了主要负责人、其他负责人等的职责及法律责任；等等。

为方便广大读者更好地理解、学习、适用新修改的《安全生产法》，我们编写了《安全生产法实用问答》一书，本书主要涵盖以下内容：

1. 实用问答。立足企业安全生产合规实务，以法律应用实务问题为指引，以问题解答的形式回答与安全生产工作相关的热点、难点法律问题，通俗易懂地解读《安全生产法》。

2. 新旧对照。以表格的形式按照条文顺序，新旧关联对照，增改删内容一目了然，使读者能够清晰了解新旧规定的异同之处。

3. 典型案例。精心梳理关于安全生产的典型案例，并提炼相关裁判要旨。读者可扫描相应的“有章”二维码查看案例全文。

4. 流程图表。以图表的形式清晰展现安全生产相关流程和结构，帮助读者快速理解相关内容。

由于时间仓促，本书难免存在疏漏不妥之处，敬请读者批评指正。

编　者

2021 年 6 月

目　　录

实用问答

附　录

实用问答

第一章 总 则

1 2021年《安全生产法》修改的总体思路是什么？

安全生产是关系人民群众生命财产安全的大事，是经济社会高质量发展的重要标志，是党和政府对人民利益高度负责的重要体现。党中央、国务院高度重视安全生产工作，多次强调各级党委政府务必把安全生产摆到重要位置，统筹发展和安全，坚持人民至上、生命至上，树牢安全发展理念，严格落实安全生产责任制，强化风险防控，从根本上消除事故隐患，切实把确保人民生命安全放在第一位落到实处；要求压实各层级各环节责任，严格安全监管执法，强化安全风险防控和隐患排查治理，加强安全基础能力建设，坚决防范遏制重特大安全事故，保障人民群众生命财产安全。

2021年《安全生产法》修改的总体思路有以下几点：

一是，将习近平总书记关于安全生产工作一系列重要指示批示精神和党中央、国务院有关决策部署转化为法律规定，确保落地见效。

二是，强化企业安全生产主体责任，建立完善安全风险预防控制体系，加大违法处罚力度，提高违法成本，推进依法治理。

三是，完善政府安全监管体制机制和责任制度，强化基础保障能力，依靠法治力量推进安全生产治理体系和治理能力现代化。

2 2021年《安全生产法》主要修改了哪些内容?

2021年《安全生产法》主要对以下内容作了修改：

（1）进一步完善安全生产工作的原则要求。为加强党对安全生产工作的领导，贯彻党的十九届五中全会精神，落实习近平总书记提出的“三个必须”原则，2021年《安全生产法》对有关内容作了修改完善，规定安全生产工作应当坚持中国共产党的领导，以人为本，坚持人民至上、生命至上，把保护人民生命安全摆在首位，树牢安全发展理念，坚持安全第一、预防为主、综合治理的方针，从源头上防范化解重大安全风险，实行管行业必须管安全、管业务必须管安全、管生产经营必须管安全。

（2）进一步强化和落实生产经营单位的主体责任。一是，确保生产经营单位的安全生产责任制落实到位，规定生产经营单位应当建立健全全员安全生产责任制和安全生产规章制度，加大投入保障力度，改善安全生产条件，加强标准化建设，构建安全风险分级管控和隐患排查治理双重预防体系，健全风险防范化解机制。明确生产经营单位的主要负责人是本单位安全生产第一责任人，其他负责人对职责范围内的安全生产工作负责。二是，强化预防措施，规定生产经营单位应当建立安全风险分级管控制度，按安全风险分级采取相应管控措施；重大事故隐患排查治理情况应当及时向有关部门报告。三是，加大对从业人员心理疏导、精神慰藉等人文关怀和保护力度，防范行为异常导致事故发生。四是，发挥市场机制的推动作用，要求属于国家规定的高危行业、领域的生产经营单位应当投保安全生产责任保险。

（3）进一步明确地方政府和有关部门的安全生产监督管理职责。一是，强化领导责任，规定各级人民政府应当加强安全生产基础设施和能力建设，所需经费列入本级预算；乡、镇人民政府和街道办事处，以及开发区、港区、风景区等应当明确负责安全监管的机构及其职责，加强监管力量建设，建立完善安全风险评估与论证机制，实施重大安全风险联防联控。二是，厘清有关部门在安全生产强制性国家标准方面的职责，规定国务院有关部门分工负责安全生产强制性国家标准的有关工作，依据法定职责对强制性国家标准的实施进行监督检查。三是，提升安全生产监管的信息化、智能化水平，监管部门之间应当对重大危险源及有关安全和应急措施备案信息实现信息共享。有关部门应当将重大事故隐患纳入相关信息系统，建立健全治理督办制度，督促消除重大事故隐患。国务院应急管理部门牵头建立全国统一的生产安全事故应急救援信息系统，有关部门和县级以上地方人民政府建立健全相关行业、领域、地区的事故应急救援信息系统，实现互联互通、信息共享，提升监管的精准化、智能化水平。

（4）进一步加大对生产经营单位及其负责人安全生产违法行为的处罚力度。一是，普遍提高了对违法行为的罚款数额。二是，增加生产经营单位被责令改正且受到罚款处罚，拒不改正的，监管部门可以按日连续处罚。三是，针对安全生产领域“屡禁不止、屡罚不改”等问题，加大对违法行为恶劣的生产经营单位关闭力度，依法吊销有关证照，对主要负责人实施职业禁入。四是，加大对违法失信行为的联合惩戒和公开力度，规定监管部门发现生产经营单位未按规定履行公示义务的，予以联合惩戒；有关部门和机构对存在失信行为的单位及人员采取联合惩戒措施，并向社会公示。

3 《安全生产法》的立法目的是什么？

根据《安全生产法》第 1 条的规定，《安全生产法》的立法目的主要有 4 个层次：一是加强安全生产工作；二是防止和减少生产安全事故；三是保障人民群众生命和财产安全；四是促进经济社会持续健康发展。

4 《安全生产法》的适用范围是什么？

根据《安全生产法》第 2 条的规定，《安全生产法》适用于中华人民共和国的全部领域，包括领陆、领海和领空，即在中华人民共和国领域内从事生产经营活动的单位就要受《安全生产法》的调整。根据原国家安全生产监督管理总局《关于生产安全事故认定若干意见问题的函》（政法函〔2007〕39 号）第 2 条的规定，《安全生产法》所称的生产经营单位，是指从事生产活动或者经营活动的基本单元，既包括企业法人，也包括不具有企业法人资格的经营单位、个人合伙组织、个体工商户和自然人等其他生产经营主体；《安全生产法》所称的生产经营活动，既包括合法的生产经营活动，也包括违法违规的生产经营活动。并非发生在生产经营活动中的安全问题，如公共场所集会活动中的安全问题等，不属于《安全生产法》的调整范围。

目前，《消防法》对消防安全、《道路交通安全法》对道路交通安全、《海上交通安全法》对海上交通安全、《铁路法》对铁路交通安全、《民用航空法》对航空安全、《特种设备安全法》对特种设备安全、《民用核安全设备监督管理条例》《放射性同位素与射线装置安全和防护条例》对核与辐射安全等作了特别规定，对这些领域的安全问题，应当适用相关法律和行政法规的规定。对于一些安全生产方面的问题，上述法律、行政法规中未作出规定的，仍然要适用《安全生产法》的规定。

5 安全生产的方针和工作机制是什么？

为加强党对安全生产工作的领导，贯彻党的十九届五中全会精神，落实习近平总书记提出的“三个必须”原则，2021 年《安全生产法》规定安全生产工作应当坚持中国共产党的领导，以人为本，坚持人民至上、生命至上，把保护人民生命安全摆在首位，树牢安全发展理念，坚持安全第一、预防为主、综合治理的方针，从源头上防范化解重大安全风险。安全生产工作实行管行业必须管安全、管业务必须管安全、管生产经营必须管安全，强化和落实生产经营单位主体责任与政府监管责任，建立生产经营单位负责、职工参与、政府监管、行业自律和社会监督的机制。

6 《安全生产法》对生产经营单位有什么要求？

生产经营单位必须遵守《安全生产法》和其他有关安全生产的法律、法规，加强安全生产管理，建立健全全员安全生产责任制和安全生产规章制度，加大对安全生产资金、物资、技术、人员的投入保障力度，改善安全生产条件，加强安全生产标准化、信息化建设，构建安全风险分级管控和隐患排查治理双重预防机制，健全风险防范化解机制，提高安全生产水平，确保安全生产。

平台经济等新兴行业、领域的生产经营单位应当根据本行业、领域的特点，建立健全并落实全员安全生产责任制，加强从业人员安全生产教育和培训，履行本法和其他法律、法规规定的有关安全生产义务。

7 生产经营单位从业人员在安全生产方面的基本权利和义务是什么？

生产经营单位的从业人员，是指该单位从事生产经营活动各项工作的所有人员，既包括管理人员、技术人员和各岗位的工人，也包括生产经营单位临时聘用的人员和被派遣劳动者。根据《安全生产法》第6条的规定，生产经营单位的从业人员有依法获得安全生产保障的权利，并应当依法履行安全生产方面的义务。

8 工会组织在单位安全生产工作中发挥什么作用?

工会的基本职责是维护劳动者的合法权益，因此其对生产经营单位事关劳动者生命安全的安全生产工作有权进行监督。根据《工会法》的规定，工会组织有权监督有关劳动安全卫生法律法规和政策措施的落实，督促企业认真执行国家有关劳动保护的法律和政策，落实安全生产责任制，不断改善职工的劳动安全卫生条件。根据《安全生产法》的规定，工会对安全生产工作的监督可以表现在以下几个方面：（1）对建设项目的安全设施与主体工程同时设计、同时施工、同时投入生产和使用进行监督，提出意见；（2）对生产经营单位违反安全生产法律、法规，侵犯从业人员合法权益的行为，有权要求纠正；（3）发现生产经营单位违章指挥、强令冒险作业或者发现事故隐患时，有权提出解决的建议；（4）发现危及从业人员生命安全的情况时，有权向生产经营单位建议组织从业人员撤离危险场所；（5）有权依法参加事故调查，向有关部门提出处理意见，并要求追究有关人员的责任。

由工会通过职工代表大会或者其他形式，组织职工群众参加本单位安全生产工作的民主管理和民主监督，可以使职工群众在安全生产方面的民主管理和民主监督权利得到更充分的保障和更有效的行使。各级工会组织作为职工维权的第一知情人、第一责任人和第一实施人，应当依法履行好自己在这方面的职责。根据《安全生产法》第7条中的规定，生产经营单位制定或者修改有关安全生产的规章制度，应当听取工会的意见。

9 各级人民政府的安全生产监督管理职责是什么？

国务院和县级以上地方各级人民政府应当根据国民经济和社会发展规划制定安全生产规划，并组织实施。安全生产规划应当与国土空间规划等相关规划相衔接。各级人民政府应当加强安全生产基础设施建设和安全生产监管能力建设，所需经费列入本级预算。县级以上地方各级人民政府应当组织有关部门建立完善安全风险评估与论证机制，按照安全风险管控要求，进行产业规划和空间布局，并对位置相邻、行业相近、业态相似的生产经营单位实施重大安全风险联防联控。

国务院和县级以上地方各级人民政府应当加强对安全生产工作的领导，建立健全安全生产工作协调机制，支持、督促各有关部门依法履行安全生产监督管理职责，及时协调、解决安全生产监督管理中存在的重大问题。乡镇人民政府和街道办事处，以及开发区、工业园区、港区、风景区等应当明确负责安全生产监督管理的有关工作机构及其职责，加强安全生产监管力量建设，按照职责对本行政区域或者管理区域内生产经营单位安全生产状况进行监督检查，协助人民政府有关部门或者按照授权依法履行安全生产监督管理职责。

10 负有安全生产监督管理职责的部门如何划分监管范围？

根据2021年《安全生产法》第10条的规定，国务院应急管理部门对全国安全生产工作实施综合监督管理，县级以上地方各级人民政府应急管理部门对本行政区域内安全生产工作实施综合监督管理。

国务院交通运输、住房和城乡建设、水利、民航等有关部门依照《安全生产法》和其他有关法律、行政法规的规定，在各自的职责范围内对有关行业、领域的安全生产工作实施监督管理；县级以上地方各级人民政府有关部门依照《安全生产法》和其他有关法律、法规的规定，在各自的职责范围内对有关行业、领域的安全生产工作实施监督管理。对新兴行业、领域的安全生产监督管理职责不明确的，由县级以上地方各级人民政府按照业务相近的原则确定监督管理部门。

应急管理部门和对有关行业、领域的安全生产工作实施监督管理的部门，统称负有安全生产监督管理职责的部门。负有安全生产监督管理职责的部门应当相互配合、齐抓共管、信息共享、资源共用，依法加强安全生产监督管理工作。

11 如何理解保障安全生产的国家标准或者行业标准的制定和执行？

加强对安全生产工作的监督管理，保障劳动者的人身安全，是国家应当承担的责任。按照保障安全生产的要求，科学、合理地制定有关安全生产的国家标准或者行业标准，包括生产作业场所的安全标准，生产作业、施工的工艺安全标准，安全设备、设施、器材和安全防护用品的产品安全标准等，并要求在生产经营活动中严格执行，是国家履行加强对安全生产工作监督管理职责的重要方面。根据《安全生产法》第 11 条第 1 款的规定，国务院有关部门应当按照保障安全生产的要求，依法及时制定有关的国家标准或者行业标准，并根据科技进步和经济发展适时修订。

根据《标准化法》的规定，国家标准、行业标准分为强制性标准和可以自愿采用的推荐性标准，前者必须强制执行，后者可以自愿采用。根据《安全生产法》第 11 条第 2 款的规定，生产经营单位必须执行依法制定的保障安全生产的国家标准或者行业标准。该规定与《标准化法》的规定相互衔接，是保证安全生产的一项重要措施。

国务院有关部门按照职责分工负责安全生产强制性国家标准的项目提出、组织起草、征求意见、技术审查。国务院应急管理部门统筹提出安全生产强制性国家标准的立项计划。国务院标准化行政主管部门负责安全生产强制性国家标准的立项、编号、对外通报和授权批准发布工作。国务院标准化行政主管部门、有关部门依据法定职责对安全生产强制性国家标准的实施进行监督检查。

12 各级人民政府及其有关部门、协会在安全生产的宣传方面负有什么责任?

安全生产工作事关国家和人民群众的生命财产安全。做好安全生产工作，必须要有广大职工和社会公众的积极主动的参与。各级人民政府及其有关部门应当采取多种形式，利用电视、报纸、广播以及互联网等新媒体，大力开展对安全生产法律、法规的宣传，使有关安全生产的法律、法规的规定为广大职工和公众所熟悉。通过宣传和教育，充分发挥职工和公众的监督作用，对政府及其有关部门在安全生产工作方面依法行政的情况，对生产经营单位贯彻执行安全生产法律、法规的情况进行监督，保证有关安全生产的法律、法规真正落到实处，充分发挥社会监督、舆论监督和群众监督的作用。同时，政府及有关部门要针对不同行业生产经营活动的特点，对包括生产经营单位负责人在内的全体职工进行有关安全生产知识的宣传教育，使各级管理人员和职工群众掌握本职工作所需要的安全生产知识，做到管理人员不违章指挥，作业人员不违章作业，人人增强安全生产意识，加强自我保护，尽可能防止和减少生产安全事故。

有关协会组织依照法律、行政法规和章程，为生产经营单位提供安全生产方面的信息、培训等服务，发挥自律作用，促进生产经营单位加强安全生产管理。有关协会组织的功能主要体现在以下几点：一是协调职能；二是服务职能；三是监管职能。

13 单位委托专门机构为安全生产提供技术、管理服务的，保证安全生产的责任由谁承担？

为了使企业适合安全生产的要求，依照法律、法规的规定，需要对企业的安全生产条件和工程建设项目进行安全评价，对有关设施、设备进行安全性能的检测、检验或者认证，并对生产经营单位的有关人员进行安全生产管理、安全教育等方面的培训等。为了保证有关安全性评价、检测、检验或者认证等工作的客观性、公正性和权威性，要求承担相关工作的机构具有一定的专业性和中立性，因此，这些工作应当由既独立于政府监督管理部门，又独立于生产经营单位的第三方机构承担。同时，安全生产管理中的许多工作，专业性和技术性较强，需要由具有专门知识和丰富经验的专业人员来完成。根据《安全生产法》第 15 条第 1 款的规定，依法设立的为安全生产提供技术、管理服务的机构，依照法律、行政法规和执业准则，接受生产经营单位的委托为其安全生产工作提供技术、管理服务。

接受生产经营单位的委托后，从事安全生产服务的机构与生产经营单位之间是一种委托关系。根据《民法典》的规定，在委托范围之内，受托机构的一切行为后果都由委托的生产经营单位承担。生产经营单位委托相关机构为其安全生产提供技术、管理服务，属于单位内部安全生产管理的一种方式，对生产经营单位的安全生产责任本身没有任何影响，其安全生产责任并不因为委托相关机构就予以减轻或者免除。根据《安全生产法》第 15 条第 2 款的规定，生产经营单位委托机构提供安全生产技术、管理服务的，保证安全生产的责任仍由本单位负责。

14 什么是国家生产安全事故责任追究制度？

生产经营活动中发生安全事故的原因多种多样，但大多数情况都是因为违反安全生产的法律、法规、标准和有关技术规程、规范等人为因素造成的，对因人为原因造成的责任事故，必须依法追究相关人员的法律责任，以示警诫和教育的作用。根据《安全生产法》第16条的规定，国家实行生产安全事故责任追究制度，依照《安全生产法》和有关法律、法规的规定，追究生产安全事故责任单位和责任人员的法律责任。

这里的法律责任，主要是指以下3种责任：（1）行政责任。在对生产安全事故的调查处理中，必须实事求是地查明事故的性质和责任。对确定为责任事故的，既要查清事故单位责任者的责任，也要查清对安全生产负有监督管理职责的有关部门是否有违法审批或不依法履行监督管理职责的责任，并根据不同情节，分别给予行政处分或者行政处罚。（2）民事责任。根据《民法典》的规定，因安全事故造成人员、他人财产损失的，生产事故责任人应当承担赔偿责任。侵害他人造成人身损害的，应当赔偿医疗费、护理费、交通费、营养费、住院伙食补助费等为治疗和康复支出的合理费用，以及因误工减少的收入。造成残疾的，还应当赔偿辅助器具费和残疾赔偿金。造成死亡的，还应当赔偿丧葬费和死亡赔偿金。侵害他人财产的，财产损失按照损失发生时的市场价格或者其他合理方式计算。（3）刑事责任。《刑法》在“危害公共安全罪”一章中规定了重大责任事故罪、重大劳动安全事故罪、危险物品肇事罪、建设工程重大安全事故罪等9种重大责任事故犯罪的刑事责任。《安全生产法》“法律责任”一章明确规定对生产安全事故造成严重事故后果的，依照《刑法》规定追究刑事责任。

15 安全生产权力和责任清单有什么作用？该清单由哪个部门编制？

安全生产权力和责任清单制，既可以使有关部门达到明晰责任、规范管理、防范化解安全风险的目的，也可以全面落实安全生产主体责任，有效防范和遏制事故。根据《安全生产法》第17条的规定，县级以上各级人民政府应当组织负有安全生产监督管理职责的部门依法编制安全生产权力和责任清单，公开并接受社会监督。

16 国家对安全生产科学技术研究和先进技术推广实行什么政策？

安全生产管理工作的重点，是预防和减少事故的发生，并采取有效措施加以防范。因此，必须加强安全生产的科学技术研究工作，针对各行业生产经营活动的特点，加强对安全高效的设备、工具、工艺方法和有效的安全防护用品的研究开发，加强对安全生产先进管理方法的研究，依靠科学技术保障安全生产。生产经营单位应当以高度负责的态度，努力采用保障生产安全的先进技术；政府及有关部门应当采取有效的措施，鼓励和支持安全生产技术的推广应用。根据《安全生产法》第18条的规定，国家鼓励和支持安全生产科学技术研究和安全生产先进技术的推广应用，提高安全生产水平。

17 对在安全生产工作中取得成绩的单位和个人实行什么政策？

根据《安全生产法》第 19 条的规定，在以下 3 个方面为安全生产工作作出显著成绩的单位和个人，由国家给予奖励：(1) 在改善安全生产条件方面作出显著成绩的；(2) 在防止生产安全事故方面作出显著成绩的；(3) 在参加抢险救护方面作出显著成绩的。奖励的方式可以是荣誉奖励，也可以是物质奖励，还可以是对相关人员提职、晋级奖励等方式。这些奖励方式，可以共同采用。除了国家层面的奖励外，安全生产单位也应当按照本单位内部的奖惩制度，对在安全生产方面作出显著成绩的集体和个人给予奖励。

第二章　生产经营单位的安全生产保障

18 生产经营单位从事生产经营活动应当具备什么样的安全生产条件？

生产经营单位要保证生产经营活动安全地进行，防止和减少生产安全事故的发生，必须在生产经营设施、设备、人员素质、管理制度、采用的工艺技术等方面都达到相应的要求，具备《安全生产法》和有关法律、行政法规和国家标准或者行业标准规定的安全生产条件；不具备安全生产条件的，不得从事生产经营活动。《安全生产法》规定的安全生产的国家标准或者行业标准，是指由国务院标准化行政主管部门或其他有关主管部门依照《标准化法》的规定所制定的与安全生产有关的、对生产中的设计、施工、制造、检验等技术事项所作的一系列统一规定。安全生产的国家标准或者行业标准是有关安全生产的技术性规范，是执行安全生产法律、法规的具体保证，它贯穿于企业生产的全过程，对于保证企业生产的安全进行起着重要的作用。目前，我国安全生产的国家标准或者行业标准主要包括安全生产管理方面的标准、生产设备、工具的安全标准、生产工艺的安全标准、安全防护用品标准等。按照《标准化法》关于强制性标准的规定，有关安全生产的国家标准或行业标准属于必须执行的强制性标准。因此，《安全生产法》规定，生产经营单位的安全生产条件必须达到有关安全生产的国家标准或行业标准规定的要求，否则不得从事生产经营活动。

19 生产经营单位主要负责人在安全生产方面的职责是什么？

安全生产工作是企业管理工作中的重要内容，涉及企业生产经营活动的各个方面，不仅关系到本单位的从业人员的人身安全和财产安全，还可能影响社会公共安全，必须要由企业“一把手”统一领导，统筹协调，负全面责任。2021 年《安全生产法》第 5 条明确了生产经营单位的主要负责人是本单位安全生产第一责任人，对本单位的安全生产工作全面负责。其他负责人对职责范围内的安全生产工作负责。

生产经营单位的主要负责人对本单位安全生产工作负有以下几项职责：（1）建立健全并落实本单位全员安全生产责任制，加强安全生产标准化建设；（2）组织制定并实施本单位安全生产规章制度和操作规程；（3）组织制定并实施本单位安全生产教育和培训计划；（4）保证本单位安全生产投入的有效实施；（5）组织建立并落实安全风险分级管控和隐患排查治理双重预防工作机制，督促、检查本单位的安全生产工作，及时消除生产安全事故隐患；（6）组织制定并实施本单位的生产安全事故应急救援预案；（7）及时、如实报告生产安全事故。

20 什么是安全生产责任制？应如何落实这一制度？

安全生产责任制是根据我国“安全第一，预防为主，综合治理”的安全生产方针和安全生产法规建立的各级领导、职能部门、工程技术人员、岗位操作人员在劳动生产过程中对安全生产层层负责的制度。

根据“管业务必须管安全，管生产经营必须管安全”的原则，生产经营单位应当建立纵向到底、横向到边的全员安全生产责任制，做到安全工作人人有责、各负其责，实现“一岗双责”。安全生产责任制要做到“三定”（定岗位、定人员、定安全生产责任），即什么人在何岗位，负何种安全生产责任。生产经营单位应当建立完善的安全生产监督、考核、奖惩等相关制度，明确安全生产管理机构和人事、财务等相关职能部门的职责，加强对安全生产责任制落实情况的监督考核，保证安全生产责任制的落实。对于严格履行安全职责，未超出责任制考核要求的，应当予以奖励；对于弄虚作假、未认真履行安全生产职责或者存在重大事故隐患、发生生产安全事故等超出责任制考核标准要求的，给予严惩。另外，生产经营单位要充分发挥工会的作用，鼓励从业人员对安全生产责任制落实情况进行监督。

21 《安全生产法》对生产经营单位安全生产资金投入有什么要求？

资金是安全生产的物质保障。根据《安全生产法》第 23 条第 1 款的规定，生产经营单位应当具备的安全生产条件所必需的资金投入，由生产经营单位的决策机构、主要负责人或者个人经营的投资人予以保证，并对由于安全生产所必需的资金投入不足导致的后果承担责任。

同时，《安全生产法》第 23 条第 2 款规定，有关生产经营单位应当按照规定提取和使用安全生产费用，专门用于改善安全生产条件。安全生产费用在成本中据实列支。安全生产费用提取、使用和监督管理的具体办法由国务院财政部门会同国务院应急管理部门征求国务院有关部门意见后制定。由此可见，生产经营单位要保证资金投入，对一些特殊的高危行业，还要提取安全生产费用。安全生产费用是指企业按照规定标准提取在成本中列支，专门用于完善和改进企业或者项目安全生产条件的资金。安全生产费用按照“企业提取、政府监管、确保需要、规范使用”的原则进行管理。《企业安全生产费用提取和使用管理办法》规定了在我国境内直接从事煤炭生产、非煤矿山开采、建设工程施工、危险品生产与储存、交通运输、烟花爆竹生产、冶金、机械制造、武器装备研制生产与试验（含民用航空及核燃料）的企业提取和使用管理安全生产费用的办法。

22 《安全生产法》对生产经营单位设置安全生产管理机构和配备安全生产管理人员有什么要求？

安全生产管理机构，是指生产经营单位内部设立的专门负责安全生产管理事务的独立的部门。安全生产管理人员是指在生产经营单位中负责安全生产管理的人员。专职安全生产管理人员，是指在生产经营单位中专门负责安全生产管理，不再兼任其他工作的人员。因矿山、金属冶炼、建筑施工、运输单位和危险物品的生产、经营、储存、装卸单位在生产经营过程中危险性比较大，根据《安全生产法》第 24 条第 1 款的规定，上述生产经营单位必须设置安全生产管理机构或者配备专职安全生产管理人员。

根据《安全生产法》第 24 条第 2 款的规定，除矿山、金属冶炼、建筑施工、运输单位和危险物品的生产、经营、储存、装卸单位外的其他生产经营单位，如服装加工企业，人工装配、包装等场所，从业人员超过 100 人的多属于人员密集型作业，也必须设置安全生产管理机构或者配备专职安全生产管理人员。从业人员在 100 人以下的，应当配备专职或者兼职的安全生产管理人员。

23 生产经营单位的安全生产管理机构以及安全生产管理人员应当履行哪些职责？

根据《安全生产法》第 25 条的规定，生产经营单位的安全生产管理机构以及安全生产管理人员履行下列职责：（1）组织或者参与拟订本单位安全生产规章制度、操作规程和生产安全事故应急救援预案；（2）组织或者参与本单位安全生产教育和培训，如实记录安全生产教育和培训情况；（3）组织开展危险源辨识和评估，督促落实本单位重大危险源的安全管理措施；（4）组织或者参与本单位应急救援演练；（5）检查本单位的安全生产状况，及时排查生产安全事故隐患，提出改进安全生产管理的建议；（6）制止和纠正违章指挥、强令冒险作业、违反操作规程的行为；（7）督促落实本单位安全生产整改措施。

生产经营单位可以设置专职安全生产分管负责人，协助本单位主要负责人履行安全生产管理职责。

24 哪些单位安全生产管理人员的任免应当告知主管的负有安全生产监督管理职责的部门？

根据《安全生产法》第 26 条第 4 款的规定，危险物品的生产、储存单位以及矿山、金属冶炼单位的安全生产管理人员的任免，应当告知主管的负有安全生产监督管理职责的部门。

25《安全生产法》对生产经营单位的主要负责人和安全生产管理人员有哪些要求？

根据《安全生产法》第 27 条的规定，生产经营单位的主要负责人和安全生产管理人员必须具备与本单位所从事的生产经营活动相应的安全生产知识和管理能力。

危险物品的生产、经营、储存、装卸单位以及矿山、金属冶炼、建筑施工、运输单位的主要负责人和安全生产管理人员，应当由主管的负有安全生产监督管理职责的部门对其安全生产知识和管理能力考核合格。考核不得收费。

危险物品的生产、储存、装卸单位以及矿山、金属冶炼单位应当有注册安全工程师从事安全生产管理工作。鼓励其他生产经营单位聘用注册安全工程师从事安全生产管理工作。注册安全工程师按专业分类管理，具体办法由国务院人力资源和社会保障部门、国务院应急管理部门会同国务院有关部门制定。

26 《安全生产法》规定的生产经营单位进行安全生产教育和培训的要求是什么？

生产经营单位负责本单位从业人员的安全培训工作。生产经营单位应当按照《安全生产法》和有关法律、行政法规和有关规章制度的规定，建立健全安全培训工作制度。生产经营单位教育培训的对象包括从业人员、劳务派遣人员、实习的学生等。

根据《安全生产法》第28条的规定，生产经营单位应当对从业人员进行安全生产教育和培训，保证从业人员具备必要的安全生产知识，熟悉有关的安全生产规章制度和安全操作规程，掌握本岗位的安全操作技能，了解事故应急处理措施，知悉自身在安全生产方面的权利和义务。未经安全生产教育和培训合格的从业人员，不得上岗作业。

生产经营单位使用被派遣劳动者的，应当将被派遣劳动者纳入本单位从业人员统一管理，对被派遣劳动者进行岗位安全操作规程和安全操作技能的教育和培训。劳务派遣单位应当对被派遣劳动者进行必要的安全生产教育和培训。

生产经营单位接收中等职业学校、高等学校学生实习的，应当对实习学生进行相应的安全生产教育和培训，提供必要的劳动防护用品。学校应当协助生产经营单位对实习学生进行安全生产教育和培训。

生产经营单位应当建立安全生产教育和培训档案，如实记录安全生产教育和培训的时间、内容、参加人员以及考核结果等情况。

27 《安全生产法》对生产经营单位采用新工艺、新技术、新材料、新设备的要求是什么？

根据《安全生产法》第29条的规定，生产经营单位采用新工艺、新技术、新材料或者使用新设备时，应当做到以下几点：（1）了解、掌握其安全技术特性；（2）采取有效的安全防护措施；（3）对从业人员进行专门的安全生产教育和培训。

28 《安全生产法》对特种作业人员进行教育培训的要求是什么？

特种作业，是指容易发生事故，对操作者本人、他人的安全健康及设备、设施的安全可能造成重大危害的作业。特种作业的范围由特种作业目录规定。特种作业人员，是指直接从事特殊种类作业的从业人员。根据《安全生产法》第30条的规定，生产经营单位的特种作业人员必须按照国家有关规定经专门的安全作业培训，取得相应资格，方可上岗作业。特种作业人员的范围由国务院应急管理部门会同国务院有关部门确定。有关部门应当互相协作，科学、合理、及时地确定特种作业人员的范围，以满足实际工作的需要。另外，特种作业人员的安全技术培训、考核、发证、复审工作实行“统一监管、分级实施、教考分离”的原则。

29 什么是建设项目安全设施的“三同时”制度？

《安全生产法》第 31 条对建设项目安全设施“三同时”制度作了规定。“三同时”，是指生产经营单位的建设项目的安全设施，必须与主体工程同时设计、同时施工、同时投入生产和使用。建设项目安全设施，是指生产经营单位在生产经营活动中用于预防生产安全事故的设备、设施、装置、构（建）筑物和其他技术措施的总称。生产经营单位是建设项目安全设施建设的责任主体。生产经营单位应当按照档案管理的规定，建立建设项目安全设施“三同时”文件资料档案，并妥善保存。建设项目安全设施未与主体工程同时设计、同时施工或者同时投入使用的，安全生产监督管理部门对与此有关的行政许可一律不予审批，同时责令生产经营单位立即停止施工、限期改正违法行为，对有关生产经营单位和人员依法给予行政处罚。

30 必须对哪些建设项目进行安全评价？由哪个部门来进行安全评价？

安全评价，亦称“危险评价”“风险评价”，其是探明系统危险、寻求安全对策的一种方法和技术，是安全系统工程的一个重要组成部分。安全评价的目的是在建立必要的安全措施前，掌握系统内可能的危险种类、危险程度和危险后果，并对其进行定量、定性的分析，从而提出有效的危险控制措施。进行安全评价可用事故率评价指标进行评价，也可用工效学方法如通过业务分析、实验方法、模拟法、可靠性测定和动作时间研究等进行评价。按照实施阶段的不同，安全评价分为安全预评价、安全验收评价和安全现状评价 3 类。

矿山、金属冶炼建设项目和用于生产、储存、装卸危险物品的建设项目，同其他建设项目相比具有更大的危险性。因此，根据《安全生产法》第 32 条的规定，必须对矿山、金属冶炼建设项目和用于生产、储存、装卸危险物品的建设项目进行安全评价，并且应当按照国家有关规定由具有相应资质的安全评价机构对这些项目进行安全评价。

31 如何确定建设项目安全设施设计中的责任？

安全设施的设计是工程施工提供据以遵循的技术依据，设计质量的好坏是决定整个安全设施质量的基础。如果设计质量存在问题，整个安全设施的质量也就没有了保障。建设项目的安全设施的设计单位及其人员要以对安全设施质量高度负责的态度，认真地做好设计工作，加强对设计过程的质量控制，确保设计工作的质量万无一失。如果由于设计质量出了问题，影响安全设施的质量，则应由设计单位、设计人对因此造成的损失承担责任。根据《安全生产法》第 33 条第 1 款的规定，建设项目安全设施的设计人、设计单位应当对安全设施设计负责。

矿山、金属冶炼建设项目和用于生产、储存、装卸危险物品的建设项目，同其他建设项目相比具有更大的危险性。这些项目除了按照《安全生产法》第 32 条的规定进行安全评价以外，还需要按照《安全生产法》第 33 条第 2 款的规定，由有关部门对其安全设施的设计进行审查，主要审查安全评价报告对建设项目提出的安全措施和要求是否贯彻落实到建设项目安全设施的设计中，安全设施的设计是否符合有关法律、法规以及国家安全标准或者行业标准的规定等。只有符合有关规定，经审查同意的，方可施工。另外，审查部门及其负责审查的人员对审查的结果负责。

32 如何确定矿山、金属冶炼建设项目和用于生产、储存、装卸危险物品的建设项目的安全设施设计施工及验收的责任？

矿山、金属冶炼建设项目和用于生产、储存、装卸危险物品的建设项目的施工单位必须按照批准的安全设施设计施工，任何单位和个人不得擅自决定不按被批准的设计文件施工或者擅自更改设计文件。这也是保证矿山建设项目和用于生产、储存、装卸危险物品的建设项目的安全设施的质量的基础。

根据《安全生产法》第34条的规定，矿山、金属冶炼建设项目和用于生产、储存、装卸危险物品的建设项目的施工单位必须按照批准的安全设施设计施工，并对安全设施的工程质量负责。矿山、金属冶炼建设项目和用于生产、储存、装卸危险物品的建设项目竣工投入生产或者使用前，应当由建设单位负责组织对安全设施进行验收；验收合格后，方可投入生产和使用。负有安全生产监督管理职责的部门应当加强对建设单位验收活动和验收结果的监督核查。

由此可见，负有安全生产监督管理职责的部门不承担组织验收的责任，但其应当加强对建设单位验收活动和验收结果的监督核查，通过监督检查督促建设单位落实验收义务。

33 生产经营单位在什么情况下应当设置安全警示标志？

根据《安全生产法》第35条的规定，生产经营单位应当在有较大危险因素的生产经营场所和有关设施、设备上，设置明显的安全警示标志。所以设置警示标志的对象为“有较大危险因素的生产经营场所和有关设施、设备”，这里的“危险因素”是指能对人造成伤亡或者对物造成突发性损害的各种因素。设置安全警示标志的必须“明显”。所谓“明显”，是指安全警示标志应当设置在作业场所或者有关设施、设备的醒目位置，让每一个在该场所或者靠近设施、设备的从业人员或者其他人员都能够清楚看到，不能设置在让从业人员很难找到的地方，这样才能起到警示作用。警示标志必须易于辨识。

此外，国家已经颁布了安全标志、矿山安全标志等标准。生产经营单位应当根据这些规定设置安全警示标志。

34 安全设备应该符合什么标准？

根据《安全生产法》第 36 条第 1 款的规定，安全设备的设计、制造、安装、使用、检测、维修、改造和报废，都应当符合国家标准或者行业标准，且这些标准属于强制性标准。《国务院关于预防煤矿生产安全事故的特别规定》第 8 条第 1 款规定："煤矿的通风、防瓦斯、防水、防火、防煤尘、防冒顶等安全设备、设施和条件应当符合国家标准、行业标准，并有防范生产安全事故发生的措施和完善的应急处理预案。"

35 对安全设备应该如何管理？

根据《安全生产法》第 36 条第 2 款的规定，生产经营单位必须对安全设备进行经常性维护、保养，并定期检测，保证正常运转。维护、保养、检测应当作好记录，并由有关人员签字。记录的内容，一般应当包括经常性维护、保养和定期检测的时间、地点、人员、安全设备的名称，维护、保养、检测的结果，发现的问题以及问题的处理情况等。记录是开展相关工作的见证，是重要的追溯资料，也是相关单位履行义务的凭证。需要在记录上签字的有关人员，包括直接从事维护、保养、检测的技术人员以及相关的安全管理人员。必要时，生产经营单位的主要负责人也需要签字。

36 对生产经营单位使用的危险物品的、容器运输工具及特种设备应如何进行管理？

根据《安全生产法》第37条的规定，对危险物品的容器、运输工具及特种设备的管理包括两个方面：（1）危险物品的容器、运输工具以及涉及人身安全、危险性较大的海洋石油开采特种设备和矿山井下特种设备必须按照国家有关规定，由专业的生产单位生产；（2）危险物品的容器、运输工具以及涉及人身安全、危险性较大的海洋石油开采特种设备和矿山井下特种设备必须由具有专业资质的检测、检验机构检测、检验合格，取得安全使用证或者安全标志，生产经营单位方可将其投入使用。

37 对严重危及生产安全的工艺、设备实行淘汰制度时需要注意哪些问题？

国家对严重危及生产安全的工艺、设备实行淘汰制度时应注意以下问题：

（1）危及生产安全的工艺、设备分两个等级：一是严重危及生产安全的工艺、设备。严重危及生产安全的工艺、设备是指不符合生产安全要求，极有可能导致生产安全事故发生，致使人民群众生命和财产遭受重大损失的工艺、设备。二是其他危及生产安全的工艺、设备。与严重危及生产安全的工艺、设备相比，其他危及生产安全的工艺、设备危险性较低，有的工艺、设备在生产经营单位及其从业人员履行了适当的注意义务或者附加了必要的防护条件后，可以尽量避免事故的发生。

（2）淘汰目录的制定分为以下两个层次：一是，严重危及生产安全的工艺、设备淘汰的具体目录，由国务院安全生产监督管理部门会同国务院有关部门制定并公布。法律、行政法规对目录的制定另有规定的，适用其规定。二是，由于各地经济发展程度和技术装备水平的差异，对于严重危及生产安全的工艺、设备以外的工艺、设备的淘汰目录，由各省、自治区、直辖市人民政府根据本地区实际情况制定并公布。需要注意的是，制定此处工艺、设备淘汰目录的主体是省级人民政府，地市级以下的人民政府和省级人民政府的职能部门都不能作为主体制定和公布此类淘汰目录。

38 如何对危险物品进行审批和监管？

在对危险物品进行审批和监管时应注意以下问题：

（1）审批和监管的依据。危险物品的种类比较多，涉及危险物品的生产、经营、运输、存储、使用和处置废弃等多个环节，因此对危险物品有关活动审批和监管的依据，除《安全生产法》外，还有《产品质量法》《道路交通安全法》《环境保护法》等法律和《公路安全保护条例》《危险化学品安全管理条例》等行政法规，以及有关的地方性法规、标准等。

（2）审批和监管的部门。由于监管的环节较多，危险物品的审批和监管涉及应急管理、公安、交通运输、市场监管等多个部门。对应的主管部门要根据危险物品相关活动的特点，进行审批并实施监督管理。

（3）审批的具体形式和要求。行政审批是从源头上管理危险物品相关生产、经营等活动的有效方式。生产经营单位必须按照规定取得相应的许可后，方可从事危险物品有关的活动。有关主管部门在对生产、经营、运输、储存、使用危险物品或者处置废弃危险物品进行审批时，应当严格按照法律、法规以及国家标准或者行业标准规定的条件和程序进行审批；对不符合条件的，不得批准，不能降低条件，放松要求。

39 生产经营单位生产、经营、运输、储存、使用危险物品以及处置废弃危险物品时有哪些义务？

根据《安全生产法》第 39 条第 2 款规定，生产、经营、运输、储存、使用危险物品或处置废弃危险物品的生产经营单位的义务主要有 4 项：（1）必须严格执行有关法律、法规和国家标准或者行业标准。（2）建立专门的安全管理制度。安全管理制度是法律、法规和标准在生产经营单位安全管理方面的具体体现，是法律、法规和标准在生产经营单位的具体化。（3）采取可靠的安全措施。生产经营单位应当根据危险物品的种类、危险特性等采取有针对性的安全措施。（4）接受有关部门依法实施的监督管理。有关主管部门依法对危险物品的生产经营单位实施监督检查，生产经营单位应当积极配合，不得拒绝或阻挠。

40 生产经营单位对重大危险源应如何进行管理?

生产经营单位对重大危险源的管理措施主要有以下几个方面:

(1)登记建档。登记建档是为了对重大危险源的情况有一个总体的掌握,做到心中有数,便于采取进一步的措施。重大危险源档案应当包括的文件、资料有:辨识、分级记录;重大危险源基本特征表;涉及的所有化学品安全技术说明书;区域位置图、平面布置图、工艺流程图和主要设备一览表;重大危险源安全管理规章制度及安全操作规程;安全监测监控系统、措施说明、检测、检验结果;重大危险源事故应急预案、评审意见、演练计划和评估报告;安全评估报告或者安全评价报告;重大危险源关键装置、重点部位的责任人、责任机构名称;重大危险源场所安全警示标志的设置情况;其他文件、资料。登记建档应当注意保证档案的完整性、连贯性。

(2)定期检测、评估、监控。检测是指通过一定的技术手段,利用仪器工具对重大危险源的一些具体指标、参数进行测量。评估,是指对重大危险源的各种情况进行综合的分析、判断,掌握其危险程度。监控,是指通过监控系统等装置、设备对重大危险源进行观察、监测、控制,防止其引发危险。

(3)制定应急预案。生产经营单位应当根据本单位重大危险源的实际情况,依法制定重大危险源事故应急预案,建立应急救援组织或者配备应急救援人员,配备必要的防护装备及应急救援器材、设备、物资,并保障其完好和方便使用;配合地方人民政府安全生产监督管理部门制定所在地区涉及本单位的危险化学品事故应急预案。对存在吸入性有毒、有害气体等重大危险源，生产经营单位应当按规定配备必要的器材和设备。生产经营单位还应当制订重大危险源事故应急预案演练计划，按要求进行事故应急预案演练。

（4）告知应急措施。生产经营单位应当告知从业人员和相关人员在紧急情况下应当采取的应急措施。这里所讲的“相关人员”，主要是指重大危险源发生事故时，可能受到损害的生产经营单位以外的人员，如工厂周围的居民等。

41 《安全生产法》对安全风险分级管控制度和生产安全事故隐患排查治理制度是如何规定的？

根据《安全生产法》第 41 条的规定，生产经营单位应当建立安全风险分级管控制度，按照安全风险分级采取相应的管控措施。

生产经营单位应当建立健全并落实生产安全事故隐患排查治理制度，采取技术、管理措施，及时发现并消除事故隐患。事故隐患排查治理情况应当如实记录，并通过职工大会或者职工代表大会、信息公示栏等方式向从业人员通报。其中，重大事故隐患排查治理情况应当及时向负有安全生产监督管理职责的部门和职工大会或者职工代表大会报告。

县级以上地方各级人民政府负有安全生产监督管理职责的部门应当将重大事故隐患纳入相关信息系统，建立健全重大事故隐患治理督办制度，督促生产经营单位消除重大事故隐患。

42 生产经营单位对生产经营场所和员工宿舍安全管理有哪些要求？

根据《安全生产法》第 42 条的规定，生产经营单位对生产经营场所和员工宿舍安全管理有以下要求：(1) 生产、经营、储存、使用危险物品的车间、商店、仓库不得与员工宿舍在同一座建筑物内，并应当与员工宿舍保持安全距离。(2) 生产经营场所和员工宿舍应当设有符合紧急疏散要求、标志明显、保持畅通的出口、疏散通道。禁止占用、锁闭、封堵生产经营场所或者员工宿舍的出口、疏散通道。

43 生产经营单位在进行爆破、吊装等危险作业时，如何进行现场安全管理？

根据《安全生产法》第 43 条的规定，生产经营单位进行爆破、吊装、动火、临时用电以及国务院应急管理部门会同国务院有关部门规定的其他危险作业，应当安排专门人员进行现场安全管理，确保操作规程的遵守和安全措施的落实。现场安全管理人员一方面可以检查作业场所的各项安全措施是否得到落实，另一方面可以监督从事危险作业的人员是否严格按照有关操作规程进行操作。同时，现场安全管理人员可以对作业场所的各种情况进行及时协调，发现事故隐患及时采取措施进行紧急排除。

44 生产经营单位如何防范从业人员行为异常事故的发生?

生产经营单位履行安全生产义务，除了企业负责人和其他管理人员遵守法律、法规和有关标准的规定，制定各项安全管理制度外，更重要的是采取各种措施提高从业人员的安全意识和安全操作水平，使每一名从业人员都行动起来，确保安全管理的各项规定落实到生产经营活动的每一个环节。另外，生产经营单位还应从身体、心理状况等方面对从业人员加强关注，严格落实岗位安全生产责任，这样才能切实提高企业的生产安全水平。

根据《安全生产法》第 44 条的规定，生产经营单位应当教育和督促从业人员严格执行本单位的安全生产规章制度和安全操作规程；并向从业人员如实告知作业场所和工作岗位存在的危险因素、防范措施以及事故应急措施。

生产经营单位应当关注从业人员的身体、心理状况和行为习惯，加强对从业人员的心理疏导、精神慰藉，严格落实岗位安全生产责任，防范从业人员行为异常导致事故发生。

45 生产经营单位在为从业人员提供劳动防护用品时应注意什么?

劳动防护用品是为了保护工人在生产过程中的安全和健康而发给劳动者个人使用的防护用品。根据具体操作过程中的不同需要，应供给工人的防护用品主要有工作服、工作帽、围裙、口罩、手套护腿、防毒面具、防护眼镜、防护药膏、防寒用品、防晒防雨的用品等。生产经营单位必须为从业人员提供符合国家标准或者行业标准的劳动防护用品，只有这样，才能真正起到防护用品应该具有的防护效果和作用。

根据《安全生产法》第45条的规定，生产经营单位必须为从业人员提供符合国家标准或者行业标准的劳动防护用品，并监督、教育从业人员按照规则配戴、使用。生产经营单位不得以货币或者其他物品替代应当配备的劳动防护用品，并应当安排用于配备劳动防护用品的经费，不得让从业人员承担劳动防护用品的费用，也不得以这些费用为名克扣从业人员的工资等。

46 安全生产管理人员的安全检查和报告义务有哪些？

生产经营单位的安全生产管理人员应当根据本单位的生产经营特点，对本单位的安全生产状况进行经常性的检查。一般来说，安全检查主要涉及安全生产规章制度是否健全、完善，安全设备、设施是否处于正常的运行状态，从业人员是否具备应有的安全知识和操作技能，从业人员在工作中是否严格遵守安全生产规章制度和操作规程，从业人员的劳动防护用品是否符合标准以及是否有其他事故隐患等。

生产经营单位的安全生产管理人员在对本单位的安全生产状况进行检查的过程中，发现存在的安全问题，可以当场处理的，应当立即采取措施进行处理。对于不能当场处理的安全问题，安全生产管理人员应当及时报告本单位的主要负责人或者主管安全生产工作的其他负责人。有关负责人在接到报告后，应当及时处理。

生产经营单位的安全生产管理人员还应当将安全检查的情况，包括检查的时间、范围、内容、发现的问题及其处理情况等都详细地记录在案，作为本单位的安全生产档案，作为日后完善相关制度的参考或者在发生事故时作为调查事故原因的依据。

生产经营单位的安全生产管理人员在检查中发现重大事故隐患，已经按相关规定向本单位主要负责人或者主管安全生产工作的其他负责人报告，主要负责人或者主管安全生产工作的其他负责人接到报告后，采取不予处理或者不立即处理的措施的，安全生产管理人员可以向主管的负有安全生产监督管理职责的部门报告，这是法律赋予安全生产管理人员的报告重大事故隐患权利。同时，《安全生产法》规定接到报告的部门应当依法及时处理。这里讲的“依法及时处理”，是指依照本法和其他有关法律、行政法规、规章的规定及时进行处理。

47 生产经营单位为什么应该安排用于配备劳动防护用品、进行安全生产培训的经费？

安全生产必须有一定的资金保证，用于提高劳动者的安全意识和安全操作技能，改善劳动者的劳动条件，为劳动者提供必要的劳动防护用品，否则生产经营单位的安全生产将很难实现。要求生产经营单位安排一定的经费用于安全生产工作，也是实践中的一贯做法。

根据《安全生产法》第 47 条规定，生产经营单位应当安排用于配备劳动防护用品、进行安全生产培训的经费。因此，为从业人员配备劳动防护用品、进行安全生产培训是生产经营单位的法定义务，生产经营单位应当安排这些相关经费，不得让从业人员承担这些费用，不得以单位缴纳了这些费用为由克扣从业人员的工资、福利等待遇。

48 什么是安全生产管理协议？

安全生产管理协议是生产经营项目、场所发包或者出租的，为了保障生产安全发包单位或出租单位与承包单位或承租单位签订的确定双方安全生产管理职责的协议。安全生产管理协议有两种存在形式：其一，专门的书面的安全生产管理协议；其二，以承包合同、租赁合同中安全生产管理职责条款的形式存在的安全生产管理协议，即承包合同、租赁合同中关于各自的安全生产管理职责的约定。但无论以何种形式存在，安全生产管理协议必须包括以下内容：（1）发包单位、出租单位的安全生产管理职责；（2）承包单位、承租单位的安全生产管理职责；（3）发包单位、出租单位对承包单位、承租单位的安全生产工作管理要求。安全生产协议既是各生产经营单位履行安全生产职责的依据，也是判定生产安全事故责任的重要依据。

49 两个以上单位在同一作业区域内进行生产经营活动时应如何进行安全管理？

实践中，同一作业区域有两个以上生产经营单位进行生产经营活动的现象比较多，如果其中一个单位发生生产安全事故，会直接威胁到其他单位的安全生产，在同一工作区域的多家生产经营单位协调做好安全生产工作具有重要意义。根据《安全生产法》第48条的规定，安全管理的手段包括两个方面：其一，签订安全生产管理协议；其二，指定专职安全生产管理人员进行安全检查与协调。

50 生产经营单位在发包或者出租时应注意什么？

生产经营单位在发包或者出租时应注意以下几个问题：（1）生产经营单位将生产经营项目、场所、设备发包或者出租的，承包人或者承租人必须具备安全生产条件或者相应资质，不得将其发包、出租给不具备安全生产条件或者相应资质的单位或者个人。（2）生产经营项目、场所发包或者出租给其他单位的，生产经营单位应当与承包单位、承租单位签订专门的安全生产管理协议，或者在承包合同、租赁合同中约定各自的安全生产管理职责；生产经营单位对承包单位、承租单位的安全生产工作统一协调、管理，定期进行安全检查，发现安全问题的，应当及时督促整改。（3）矿山、金属冶炼建设项目和用于生产、储存、装卸危险物品的建设项目的施工单位应当加强对施工项目的安全管理，不得倒卖、出租、出借、挂靠或者以其他形式非法转让施工资质，不得将其承包的全部建设工程转包给第三人或者将其承包的全部建设工程支解以后以分包的名义分别转包给第三人，不得将工程分包给不具备相应资质条件的单位。

51 生产经营单位发生生产安全事故时，单位主要负责人的义务是什么?

生产经营单位发生生产安全事故后，事故现场有关人员应当立即报告本单位负责人。单位负责人接到事故报告后，应当迅速采取有效措施，组织抢救，防止事故扩大，减少人员伤亡和财产损失。

生产经营单位主要负责人作为本生产经营单位安全生产的第一责任人，对本单位的场地、布局、设备、人员通信、生产经营状况比较熟悉，由其在现场参加、组织救援，可以比较顺利地进行事故抢救，所以在事故发生后其应当坚守岗位，并立即组织事故抢救。另外，生产经营单位主要负责人作为生产经营单位安全生产的第一责任人，应当对单位发生的生产安全事故负责。因此，事故发生后，生产经营单位的主要负责人不得在事故调查处理期间擅离职守，而应坚守岗位，并积极配合有关部门的事故调查处理。

52 生产经营单位可以不参加工伤保险吗?

根据《安全生产法》第 51 条的规定，生产经营单位必须依法参加工伤保险，为从业人员缴纳保险费。国家鼓励生产经营单位投保安全生产责任保险；属于国家规定的高危行业、领域的生产经营单位，应当投保安全生产责任保险。具体范围和实施办法由国务院应急管理部门会同国务院财政部门、国务院保险监督管理机构和相关行业主管部门制定。

第三章　从业人员的安全生产权利义务

53 生产经营单位与从业人员签订劳动合同时需要注意哪些事项？

根据《劳动合同法》的规定，劳动合同是劳动者与用人单位确立劳动关系、明确双方权利和义务的协议。建立劳动关系应当订立劳动合同。用人单位招用劳动者时，应当如实告知劳动者工作内容、工作条件、工作地点、职业危害、安全生产状况、劳动报酬以及劳动者要求了解的其他情况；用人单位有权了解劳动者与劳动合同直接相关的基本情况，劳动者应当如实说明。劳动合同应当具备以下条款：（1）用人单位的名称、住所和法定代表人或者主要负责人；（2）劳动者的姓名、住址和居民身份证或者其他有效身份证件号码；（3）劳动合同期限；（4）工作内容和工作地点；（5）工作时间和休息休假；（6）劳动报酬；（7）社会保险；（8）劳动保护、劳动条件和职业危害防护；（9）法律、法规规定应当纳入劳动合同的其他事项。劳动合同除上述规定的必备条款外，用人单位与劳动者可以约定试用期、培训、保守秘密、补充保险和福利待遇等其他事项。劳动合同应当具备劳动保护、劳动条件和职业危害防护、社会保险等条款。

根据《安全生产法》第 52 条的规定，生产经营单位与从业人员订立的劳动合同，应当载明有关保障从业人员劳动安全、防止职业危害的事项，以及依法为从业人员办理工伤保险的事项。生产经营单位不得以任何形式与从业人员订立协议，免除或者减轻其对从业人员因生产安全事故伤亡依法应承担的责任。

54 生产经营单位的从业人员的劳动安全知情权、提出建议权分别是什么?

根据《安全生产法》第 53 条的规定，生产经营单位的从业人员有权了解其作业场所和工作岗位存在的危险因素、防范措施及事故应急措施，有权对本单位的安全生产工作提出建议。

根据上述规定，生产经营单位的从业人员在安全生产方面的知情权是指，从业人员有权了解其作业场所和工作岗位与安全生产有关的以下几个方面的情况：一是存在的危险因素；二是防范措施；三是事故应急措施。从业人员的劳动安全的知情权，与从业人员的生命安全和健康关系密切，是保护劳动者生命健康权的重要前提。生产经营单位与从业人员订立的劳动合同，应当载明有关保障从业人员劳动安全、防止职业危害的事项。生产经营单位的从业人员只有了解了这些情况，才有可能有针对性地采取相应措施，保护自身的生命安全和健康。

生产经营单位的从业人员的提出建议权是指，从业人员有权对本单位的安全生产工作提出建议。从业人员尤其是工作在第一线的从业人员，对于如何保证安全生产、改善劳动条件及作业环境，具有优先发言权。生产经营单位要重视和尊重从业人员的意见和建议，并对他们的意见和建议及时作出答复。合理的意见应当采纳；对不予采纳的意见应当给予说明和解释。

55 生产经营单位的从业人员在安全生产方面的批评、检举、控告权和拒绝权具体指的是什么？

（1）批评、检举、控告权是从业人员的基本权利。《劳动法》规定，劳动者对危害生命安全和身体健康的行为，有权提出批评、检举和控告。《劳动合同法》规定，劳动者对危害生命安全和身体健康的劳动条件，有权对用人单位提出批评、检举和控告。《安全生产法》规定，从业人员有权对本单位安全生产工作中存在的问题提出批评、检举、控告。这里规定的批评权是指从业人员对本单位安全生产工作中存在的问题提出批评的权利。这里规定的检举权、控告权，是指从业人员对本单位及有关人员违反安全生产法律、法规的行为，有权向主管部门和司法机关进行检举和控告的权利。检举可以署名，也可以不署名；可以用书面形式，也可以用口头形式。但是，从业人员在行使这一权利时，应注意检举和控告的情况必须真实，要实事求是。

（2）从业人员在安全生产方面享有的拒绝权，即从业人员拒绝违章指挥、强令冒险作业权，是保护从业人员生命安全和健康的一项重要的权利。《劳动法》规定，劳动者对用人单位管理人员违章指挥、强令冒险作业，有权拒绝执行。《安全生产法》规定，从业人员有权拒绝违章指挥和强令冒险作业。

另外，根据《安全生产法》第 54 条第 2 款的规定，生产经营单位不得因从业人员对本单位安全生产工作提出批评、检举、控告或者拒绝违章指挥、强令冒险作业而降低其工资、福利等待遇或者解除与其订立的劳动合同。这一规定包含4层含义：一是生产经营单位不得因从业人员对本单位安全生产工作提出批评、检举、控告而降低其工资、福利等待遇；二是生产经营单位不得因从业人员对本单位安全生产工作提出批评、检举、控告而解除与其订立的劳动合同；三是生产经营单位不得因从业人员拒绝违章指挥、强令冒险作业而降低其工资、福利等待遇；四是生产经营单位不得因从业人员拒绝违章指挥、强令冒险作业而解除与其订立的劳动合同。

56 从业人员发现直接危及人身安全的紧急情况时，可以采取哪些措施？

根据《安全生产法》第55条第1款的规定，从业人员发现直接危及人身安全的紧急情况时，有权停止作业或者在采取可能的应急措施后撤离作业场所。这是在特定情况下，法律赋予从业人员采取特定措施的权利，简称紧急撤离权，目的是保护从业人员的人身安全。当然，在条件允许的情况下，从业人员可以事先报告或者先采取可能的应急措施，然后再撤离作业场所。

需要注意的是，生产经营单位不得因从业人员在上述紧急情况下停止作业或者采取紧急撤离措施而降低其工资、福利等待遇或者解除与其订立的劳动合同。

57 从业人员因生产安全事故受伤，其已享受了工伤保险待遇，还可以向单位提出赔偿吗？

根据《安全生产法》第56条第2款的规定，因生产安全事故受到损害的从业人员，除依法享有工伤保险外，依照有关民事法律尚有获得赔偿的权利的，有权提出赔偿要求。该规定有两层含义：(1) 从业人员因生产安全事故受到损害的，依法享受工伤保险待遇。(2) 从业人员因生产安全事故受到损害，依照有关民事法律尚有获得赔偿的权利的，有权向本单位提出赔偿要求。我国工伤保险制度对解决劳动者工伤情况下的相关费用发挥了很大的作用，用人单位为劳动者参加工伤保险，并不意味着绝对排除了其在劳动者遭受工伤时的民事赔偿责任。工伤保险对劳动者就医的医院以及治疗所使用的药品范围等都有较多限制，对于有关费用需要劳动者通过向用人单位主张侵权损害赔偿获得救济。

所以，从业人员因生产安全事故受伤，其已享受了工伤保险待遇，还可以向单位提出赔偿。

58 从业人员的服从安全管理义务指的是什么？

根据《安全生产法》第57条的规定，从业人员在作业过程中，应当严格落实岗位安全责任，遵守本单位的安全生产规章制度和操作规程，服从管理，正确佩戴和使用劳动防护用品。

生产经营单位的安全生产规章制度是企业规章制度的重要组

成部分，主要包括安全生产责任制、安全技术措施管理、安全生产教育、安全生产检查、伤亡事故报告、各类事故管理、劳动防护用品的发放管理办法等。安全操作规程是指在生产活动中，为消除能导致人身伤亡或造成设备、财产破坏以及危害环境而制定的具体技术要求和实施程序的统一规定。《劳动法》也规定，劳动者在劳动过程中必须严格遵守安全操作规程。

劳动防护用品是指由生产经营单位为从业人员配备的，使其在劳动过程中免遭或者减轻事故伤害及职业危害的个人防护装备。劳动防护用品在劳动过程中，是必不可少的生产性装备，对生产经营单位来讲要按照有关规定发放充足，不得任意削减，作为从业人员要珍惜劳动防护用品，正确佩戴和使用它们。

59 从业人员接受安全生产教育培训义务指的是什么？

根据《安全生产法》第 58 条的规定，从业人员应当接受安全生产教育和培训，掌握本职工作所需的安全生产知识，提高安全生产技能，增强事故预防和应急处理能力。

伤亡事故的发生，不外乎人的不安全行为和物的不安全状态两种原因。其中，控制人的不安全行为是减少伤亡事故的主要措施。而对从业人员进行安全生产教育，是控制人的不安全行为的有效方法，是安全生产管理工作中的一个重要组成部分，是提高从业人员安全素质和自我保护能力、防止事故发生、保证安全生产的重要手段。从业人员应当有主动接受安全生产教育和培训的意识。安全教育培训的基本内容包括安全意识教育、安全知识教育和安全技能教育。

60 从业人员在安全生产方面的报告义务指的是什么？

根据《安全生产法》第59条的规定，从业人员发现事故隐患或者其他不安全因素，应当立即向现场安全生产管理人员或者本单位负责人报告。

从业人员处于安全生产的第一线，最有可能及时发现事故隐患或者其他不安全因素，所以《安全生产法》对从业人员发现事故隐患或者其他不安全因素规定了报告义务。其报告义务有以下两点要求：（1）在发现事故隐患或者其他不安全因素后，应当立即报告，因为安全生产事故的特点之一是突发性，如果拖延报告，则使事故发生的可能性加大，若发生了事故则悔之晚矣。（2）接受报告的主体是现场安全生产管理人员或者本单位的负责人，以便于对事故隐患或者其他不安全因素及时作出处理，避免事故的发生。

另外，《安全生产法》第59条还规定，接到从业人员发现事故隐患或者其他不安全因素报告的现场安全生产管理人员或者本单位负责人，应当及时予以处理，以防止有关人员延误消除事故隐患的时机。

61 生产经营单位被派遣劳动者在生产安全方面的权利义务分别指的是什么？

根据《安全生产法》第61条的规定，生产经营单位使用被派遣劳动者的，被派遣劳动者享有本法规定的从业人员的权利，并应当履行本法规定的从业人员的义务。

《安全生产法》规定的从业人员的权利与义务，主要是指该法第3章的有关内容。被派遣劳动者享有本法规定的从业人员的权利，具体包括：(1) 从业人员与生产经营单位订立的劳动合同应当载明与从业人员劳动安全有关的事项，以及生产经营单位不得以协议免除或者减轻安全事故伤亡责任；(2) 对危险因素、防范措施及事故应急措施的知情权和建议权；(3) 对安全问题的批评、检举和控告权，并有权拒绝违章指挥和强令冒险作业；(4) 有权在发现直接危及人身安全的紧急情况时停止作业或者在采取可能的应急措施后撤离作业场所；(5) 享有因生产安全事故而遭受损坏的赔偿权利。被派遣劳动者应履行的义务主要包括：(1) 遵守安全生产法律法规以及规章制度，照章操作；(2) 接受安全生产培训；(3) 对事故隐患或者不安全因素进行报告等。

第四章　安全生产的监督管理

62 政府在安全生产监督管理方面负有哪些职责?

根据《安全生产法》第 62 条第 1 款的规定，县级以上地方各级人民政府应当根据本行政区域内的安全生产状况，组织有关部门按照职责分工，对本行政区域内容易发生重大生产安全事故的生产经营单位进行严格检查。

县级以上地方各级人民政府应当按照下列要求组织有关部门开展安全生产监督检查：(1) 全面了解掌握本行政区域安全生产状况；(2) 按照各有关部门的职责分工组织安全检查；(3) 确定安全检查重点；(4) 检查必须严格，禁止搞形式、走过场。

63 应急管理部门在安全生产监督管理方面负有哪些职责?

根据《安全生产法》第 62 条第 2 款的规定，应急管理部门应当按照分类分级监督管理的要求，制定安全生产年度监督检查计划，并按照年度监督检查计划进行监督检查，发现事故隐患，应当及时处理。

应急管理部门在履行监督检查职责时，应当采取以下措施：（1）对生产经营单位进行分类、分级监督管理。所谓分类，是指根据生产经营单位危险性质的不同，划分不同的行业或者领域类别。所谓分级，是指根据生产经营单位存在的可能引发生产安全事故的风险程度，对其进行等级评估，确定事故风险等级。（2）制订本部门年度监督检查计划，并按照计划实施监督检查。监督检查计划应当包括检查的生产经营单位数量和频次、检查的方式、重点等内容。计划的内容应当明确、具体，具有可操作性，并落实到本部门内设责任机构及人员。

64 负有安全生产监督管理职责的部门在进行审批和验收监督管理时应该履行哪些职责？

根据《安全生产法》第63条的规定，负有安全生产监督管理职责的部门依照有关法律、法规的规定，对涉及安全生产的事项需要审查批准（包括批准、核准、许可、注册、认证、颁发证照等，下同）或者验收的，必须履行以下职责：（1）严格依照有关法律、法规和国家标准或者行业标准规定的安全生产条件和程序进行审查；不符合有关法律、法规和国家标准或者行业标准规定的安全生产条件的，不得批准或者验收通过。（2）对未依法取得批准或者验收合格的单位擅自从事有关活动的，负责行政审批的部门发现或者接到举报后应当立即予以取缔，并依法予以处理。（3）对已经依法取得批准的单位，负责行政审批的部门发现其不再具备安全生产条件的，应当撤销原批准。

65 负有安全生产监督管理职责的部门在履行检查、验收职责时有哪些禁止性规定?

根据《安全生产法》第64条的规定，负有安全生产监督管理职责的部门对涉及安全生产的事项进行审查、验收，有两个禁止性规定：(1) 不得收取费用。负有安全生产监督管理职责的部门依照有关法律、法规的规定，有权对一些涉及安全生产的事项进行审查、验收。这种审查、验收行为，是由法定的政府部门代表国家行使监督管理权的行政行为，不得向被审查、验收的单位收取费用。这既有利于防止行政腐败现象，也有利于避免实践中乱收费用。(2) 不得要求接受审查、验收的单位购买其指定品牌或者指定生产、销售单位的安全设备、器材或者其他产品。负有安全生产监督管理职责的部门和接受审查、验收的单位之间是一种监督和被监督管理的关系，二者之间不应存在经济关系或者其他利益关系。否则，容易产生权谋私的行为，滋生腐败，严重影响监督管理的客观性、公正性，损害国家机关依法行政的形象。因此，《安全生产法》对此种行为明确予以禁止。

66 应急管理部门和其他负有安全生产监督管理职责的部门在开展安全生产行政执法工作时，行使哪些职权?

根据《安全生产法》第65条的规定，应急管理部门和其他负有安全生产监督管理职责的部门依法开展安全生产行政执法工作，对生产经营单位执行有关安全生产的法律、法规和国家标准或者行业标准的情况进行监督检查，行使以下职权：（1）进入生产经营单位进行检查，调阅有关资料，向有关单位和人员了解情况。（2）对检查中发现的安全生产违法行为，当场予以纠正或者要求限期改正；对依法应当给予行政处罚的行为，依照《安全生产法》和其他有关法律、行政法规的规定作出行政处罚决定。（3）对检查中发现的事故隐患，应当责令立即排除；重大事故隐患排除前或者排除过程中无法保证安全的，应当责令从危险区域内撤出作业人员，责令暂时停产停业或者停止使用相关设施、设备；重大事故隐患排除后，经审查同意，方可恢复生产经营和使用。（4）对有根据认为不符合保障安全生产的国家标准或者行业标准的设施、设备、器材以及违法生产、储存、使用、经营、运输的危险物品予以查封或者扣押，对违法生产、储存、使用、经营危险物品的作业场所予以查封，并依法作出处理决定。

值得注意的是，应急管理部门和其他负有安全生产监督管理职责的部门依法开展监督检查不得影响被检查单位的正常生产经营活动。

67 生产经营单位对安全生产监督检查负有哪些义务？

根据《安全生产法》第 66 条的规定，生产经营单位对负有安全生产监督管理职责的部门的监督检查人员（以下统称安全生产监督检查人员）依法履行监督检查职责，应当予以配合，不得拒绝、阻挠。

安全生产监督检查人员的监督检查职责包括现场调查取证

权、现场处理权、采取查封或扣押行政强制措施权等。生产经营单位有接受监管部门依法进行的监督检查的义务，对安全生产监督检查人员依法履行监督检查职责属于检查职权范围内的合法要求（包括允许监督检查人员进入相关场所实施现场检查，为监督检查人员依法履行职务提供便利条件，满足监督检查人员依法提出的调阅有关资料，检查有关设施、设备，找生产经营单位负责人或有关人员谈话了解有关情况等），应予以配合，不得拒绝、阻挠。

68 安全生产监督检查人员履行职责有哪些要求？

根据《安全生产法》第 67 条的规定，安全生产监督检查人员履行职责时，应当做到以下几点：（1）忠于职守、坚持原则、秉公执法。（2）执行监督检查任务时，必须出示有效的行政执法证件。（3）对涉及被检查单位的技术秘密和业务秘密，应当为其保密。

69 安全监督检查记录的主要内容包括哪些？

根据《安全生产法》第 68 条的规定，安全生产监督检查人员应当将检查的时间、地点、内容、发现的问题及其处理情况，作出书面记录，并由检查人员和被检查单位的负责人签字；被检查单位的负责人拒绝签字的，检查人员应当将情况记录在案，并向负有安全生产监督管理职责的部门报告。

根据上述规定，安全监督检查记录应当为书面形式，具体内容应当包括以下几点：（1）检查的时间，是指检查年、月、日的具体时间。（2）检查的地点。地点的记录应当具体、明确，载明实施检查的具体场所。（3）检查的内容。即指检查的具体事项，如本次检查了哪些设施、设备等。（4）检查中发现的问题。对检查中发现的被检查单位存在的与有关安全生产的法律、法规、国家标准、行业标准等要求不符的情况，如安全生产的规章制度不健全，设施、设备存在的安全隐患问题，是一般的事故隐患问题还是重大事故隐患问题等，都应如实加以记录。（5）对检查中发现的问题的处理情况。

需要注意的是，安全监督检查记录须由检查人员和被检查单位的负责人签字。如果被检查单位的负责人拒绝签字，检查人员应当将这一情况在检查记录中说明，并向负有安全生产监督管理职责的部门报告。

70 负有安全生产监督管理职责的部门在监督检查中负有哪些义务？

根据《安全生产法》第 69 条的规定，负有安全生产监督管理职责的部门在监督检查中，应当互相配合，实行联合检查；确需分别进行检查的，应当互通情况，发现存在的安全问题应当由其他有关部门进行处理的，应当及时移送其他有关部门并形成记录备查，接受移送的部门应当及时进行处理。

由上述规定可知，负有安全生产监督管理职责的部门在监督检查中，负有以下义务：（1）相互配合，实行联合排查。对生产经营单位的安全生产活动进行监督检查涉及多个方面，这就需要各监督检查部门之间在监督检查工作中，协调配合，联合协作，在协调配合的基础上做到各司其职、各负其责。为确保各部门进行执法检查时协调配合，《安全生产法》作出了“负有安全生产监督管理职责的部门在监督检查中，应当互相配合，实行联合检查”的原则性规定。（2）互通情况。实施监督检查部门应将自己监督检查中发现的涉及其他有关部门监督管理职责范围内的情况，主动通报给相关的监督管理部门，并形成书面记录备查。（3）发现的问题属于其他部门处理的，应当及时移交其他部门。接受移送的部门应当按照法定职权，依法及时作出处理。如果置之不理，出现问题应按渎职处理，依法追究渎职者的法律责任。

71 负有安全生产监督管理职责的部门对存在重大事故隐患的生产经营单位可以采取哪些措施?

根据《安全生产法》第 70 条的规定，对存在重大事故隐患的生产经营单位，负有安全生产监督管理职责的部门可依法作出停产停业、停止施工、停止使用相关设施或者设备的决定，生产经营单位应当依法执行，及时消除事故隐患。生产经营单位拒不执行，有发生生产安全事故的现实危险的，在保证安全的前提下，经本部门主要负责人批准，负有安全生产监督管理职责的部门可以采取通知有关单位停止供电、停止供应民用爆炸物品等措施，强制生产经营单位履行决定。通知应当采用书面形式，有关单位应当予以配合。

负有安全生产监督管理职责的部门依照上述规定采取停止供

电措施，除有危及生产安全的紧急情形外，应当提前 24 小时通知生产经营单位。生产经营单位依法履行行政决定、采取相应措施消除事故隐患的，负有安全生产监督管理职责的部门应当及时解除上述规定的措施。

72 监察机关对负有安全生产监督管理职责的部门及其工作人员有哪些职权？

依照《安全生产法》第 71 条和《监察法》的规定，监察机关对负有安全生产监督管理职责的部门及其工作人员履行安全生产监督管理职责实施监察。监察机关履行职责时，有权要求被监察的负有安全生产监督管理职责的部门及其工作人员提供与监察事项有关的文件、资料及其他有关的材料，进行查阅或者予以复制。监察机关在调查负有安全生产监督管理职责的部门及其工作人员的违反行政纪律行为时，可以根据实际情况和需要采取诸如予以扣留、封存可以证明违反行政纪律行为的文件、资料及其他有关的材料等措施。监察机关根据对负有安全生产监督管理职责的部门及其工作人员的检查、调查结果，可以提出监察建议或者作出监察决定。监察机关履行监察职责时需要遵守法定的监察程序。

73 承担安全评价、认证、检测、检验职责的机构应具备什么条件？其负有哪些义务？

承担安全评价、认证、检测、检验职责的机构，是指向社会开放的，接受生产经营单位或者负有安全生产监督管理职责的部门等的委托，对有关的安全生产条件、安全产品、安全设备等进行技术性评价、技术性检验、安全认证等，并出具相关报告的机构。为保证安全评价、认证、检测、检验结果的客观、公正、准确，《安全生产法》规定，承担这类任务的机构应具备国家规定的资质条件，资质条件由国务院应急管理部门会同国务院有关部门制定。

承担安全评价、认证、检测、检验职责的机构应当建立并实施服务公开和报告公开制度，对自己作出的评价、认证、检测、检验的结果的合法性、真实性负责，不得租借资质、挂靠、出具虚假报告。

74 负有安全生产监督管理职责的部门应当怎样落实安全生产举报制度?

负有安全生产监督管理职责的部门在落实安全生产举报制度方面应该做到以下几点：(1) 建立举报制度，公开举报电话、信箱或者电子邮件地址等网络举报平台，受理有关安全生产的举报。(2) 受理的举报事项经调查核实后，应当形成书面材料。(3) 需要落实整改措施的，报经有关负责人签字并督促落实。(4) 对不属于本部门职责，需要由其他有关部门进行调查处理的，转交其他有关部门处理。值得注意的是，涉及人员死亡的举报事项，应当由县级以上人民政府组织核查处理。

75 任何单位和个人发现事故隐患或者安全生产违法行为，应当怎样做？

根据《安全生产法》第 74 条第 1 款的规定，任何单位或者个人对事故隐患或者安全生产违法行为，均有权向负有安全生产监督管理职责的部门报告或者举报。这里的负有安全生产监督管理职责的部门主要包括以下几种：（1）应急管理部门。（2）应急管理部门以外的其他负有安全生产监督管理职责的部门。（3）监察机关。应当注意的是，任何单位或者个人对事故隐患或者安全生产违法行为的举报，内容应当真实，不得捏造违法行为，不得诬告、陷害有关单位和人员。对有诬告、陷害行为的，将依法追究其法律责任。

76 因安全生产违法行为导致国家利益或社会公共利益受到侵害的，哪个机关可以提起公益诉讼？

根据《安全生产法》第 74 条第 2 款的规定，因安全生产违法行为造成重大事故隐患或者导致重大事故，致使国家利益或者社会公共利益受到侵害的，人民检察院可以根据《民事诉讼法》《行政诉讼法》的相关规定提起公益诉讼。

77 居委会、村委会发现其所在区域的生产经营单位存在事故隐患或者安全生产违法行为时，应该怎么做？

居民委员会、村民委员会作为基层群众性自治组织，是最接近其所在区域内生产经营单位的一级组织机构，其许多居民或者村民也会选择在这些生产经营单位就近就业，比较容易获知其所在区域内的生产经营单位存在事故隐患或者安全生产违法行为的相关信息。居民委员会、村民委员会所在区域内的生产经营单位存在事故隐患或者安全生产违法行为，不仅可能危害从业人员的安全，还可能危及周围地区居民或者村民的安全。因此《安全生产法》规定，居民委员会、村民委员会发现其所在区域内的生产经营单位存在事故隐患或者安全生产违法行为时，应当向当地人民政府或者有关部门报告。

78 哪个部门对报告重大事故隐患或者举报安全生产违法行为的有功人员进行奖励？

根据《安全生产法》第 76 条规定，县级以上各级人民政府及其有关部门对报告重大事故隐患或者举报安全生产违法行为的有功人员，给予奖励。具体奖励办法由国务院应急管理部门会同国务院财政部门制定。这里所讲的奖励，主要是指物质奖励，也包括精神奖励。实施有奖举报是充分发动更广泛的群众参与举报工作的重要辅助手段，县级以上各级人民政府应切实做好举报奖励的发放工作，充分调动和保护群众举报的积极性，从而形成全社会关心安全生产工作的氛围。

79 新闻、出版、广播、电影、电视等单位对于安全生产工作有哪些义务和权利？

根据《安全生产法》第 77 条的规定，新闻、出版、广播、电影、电视等单位对于安全生产工作主要有以下义务：(1) 进行安全生产宣传教育的义务。安全生产，人人有责。做好安全生产工作离不开广大媒体单位的积极配合，要通过广大媒体单位在及时发布安全生产政策法规、传播安全生产知识技能、凝聚民众共识，引导社会舆论等方面充分发挥作用。(2) 进行安全生产公益宣传教育的义务。广大媒体单位尤其是国有新闻媒体掌握着大量的公共资源，这些资源由国家出资建设，并且在全民的支持下日益发展壮大，理应在安全生产这个关系国家和全体人民福祉的问题上发挥更加重要的作用。强调安全生产宣传教育的公益性是为了增加宣传的广度和力度，提高全社会对安全生产重要性的认识。

新闻、出版、广播、电影、电视等单位对违反安全生产法律、法规的行为有进行舆论监督的权利。有关单位应当利用大众传媒的优势，在宣传党和国家在安全生产方面的方针、政策、法律、法规的同时，对违反安全生产法律、法规的行为给予曝光，予以揭露、批评，发挥舆论监督的作用，目的是使安全生产违法行为受到社会监督，能够得到及时的纠正。

80 负有安全生产监督管理职责的部门在安全生产违法行为信息方面有哪些义务？

根据《安全生产法》第78条的规定，负有安全生产监督管理职责的部门在安全生产违法行为信息方面负有以下义务：（1）建立安全生产违法行为信息库，如实记录生产经营单位及其有关从业人员的安全生产违法行为信息。（2）对违法行为情节严重的生产经营单位及其有关从业人员，应当及时向社会公告，并通报行业主管部门、投资主管部门、自然资源主管部门、生态环境主管部门、证券监督管理机构以及有关金融机构。有关部门和机构应当对存在失信行为的生产经营单位及其有关从业人员采取加大执法检查频次、暂停项目审批、上调有关保险费率、行业或者职业禁入等联合惩戒措施，并向社会公示。（3）加强对生产经营单位行政处罚信息的及时归集、共享、应用和公开，对生产经营单位作出处罚决定后7个工作日内在监督管理部门公示系统予以公开曝光，强化对违法失信生产经营单位及其有关从业人员的社会监督，提高全社会安全生产诚信水平。

第五章　生产安全事故的应急救援与调查处理

81 国家在加强生产安全事故应急能力建设方面有哪些规定?

为消除、减少事故危害，防止事故扩大或恶化，最大限度地降低事故造成的损失或危害，《安全生产法》第 79 条对国家加强生产安全事故应急能力建设作了专门规定，主要包括：(1) 在重点行业、领域建立应急救援基地和应急救援队伍，并由国家安全生产应急救援机构统一协调指挥；(2) 鼓励生产经营单位和其他社会力量建立应急救援队伍，配备相应的应急救援装备和物资，提高应急救援的专业化水平。

此外，国务院应急管理部门牵头建立全国统一的生产安全事故应急救援信息系统，国务院交通运输、住房和城乡建设、水利、民航等有关部门和县级以上地方人民政府建立健全相关行业、领域、地区的生产安全事故应急救援信息系统，实现互联互通、信息共享，通过推行网上安全信息采集、安全监管和监测预警，提升监管的精准化、智能化水平。

82 地方人民政府如何建立生产安全事故应急预案？

作为地方人民政府，一方面要依法履行安全生产监督管理职责，根据本行政区域内的安全生产状况，组织负责安全生产监督管理的部门及工信、环保、公安、卫生、交通、质检等其他有关部门按照职责分工，对本行政区域内容易发生生产安全事故的生产经营单位进行严格检查，发现事故隐患，应当及时处理；另一方面也要做好一旦发生生产安全事故的应急救援准备，以期在事故发生时尽可能减少事故造成的人员伤亡和财产损失。制定并组织实施应急预案、建立应急救援体系是安全生产应急管理工作的重要内容。应急救援预案的制定一般可以分为 5 个步骤，即组建应急救援预案编制队伍、开展危险与应急能力分析、预案编制、预案评审与发布、预案的实施等。

83《安全生产法》对生产经营单位制定安全事故应急救援预案有何要求？

根据《安全生产法》第 81 条的规定，生产经营单位应当制定本单位生产安全事故应急救援预案，与所在地县级以上地方人民政府组织制定的生产安全事故应急救援预案相衔接，并定期组织演练。

生产经营单位制定生产安全事故应急预案需要符合下列基本要求：（1）符合有关法律、法规、规章、标准和安全技术规范的规定；(2) 结合本单位的生产经营活动的特点和安全生产实际情况；(3) 结合本单位的危险性分析情况，针对本单位的风险隐患特点；(4) 应急组织和人员的职责分工明确，并有具体的落实措施；(5) 有明确、具体的事故预防措施和应急程序，并与其应急能力相适应；(6) 有明确的应急保障措施，并能满足本单位的应急工作要求；(7) 预案基本要素齐全、完整，预案附件提供的信息准确；(8) 预案内容与相关应急救援预案相互衔接。

生产经营单位的应急救援预案按照针对情况的不同，分为综合应急预案、专项应急预案和现场处置方案。

84 危险物品的相关单位如何建立应急救援组织和配备人员？

根据《安全生产法》第 82 条的规定，危险物品的生产、经营、储存单位以及矿山、金属冶炼、城市轨道交通运营、建筑施工单位应当建立应急救援组织；生产经营规模较小的，可以不建立应急救援组织，但应当指定兼职的应急救援人员。

危险物品的生产、经营、储存、运输单位以及矿山、金属冶炼、城市轨道交通运营、建筑施工单位应当配备必要的应急救援器材、设备和物资，并进行经常性维护、保养，保证正常运转。

85 生产经营单位发生生产安全事故后应如何处理？

根据《安全生产法》第 83 条第 1 款的规定，生产经营单位发生生产安全事故后，事故现场有关人员应当立即报告本单位负责人。所谓“事故现场”，是指事故具体发生地点及事故能够影响和波及的区域以及该区域内的物品、痕迹所处的状态。所谓“有关人员”，主要是指事故发生单位在事故现场的有关工作人员，既可以是事故的负伤者，也可以是在事故现场的其他工作人员；在发生人员死亡和重伤无法报告，且事故现场又没有其他工作人员时，任何首先发现事故的人都属于有关人员，负有立即报告事故的义务。“立即报告”，是指在事故发生后的第一时间用最快捷的报告方式进行报告，不拘泥于报告形式。“单位负责人”可以是事故发生单位的主要负责人，也可以是事故发生单位主要负责人以外的其他分管安全生产工作的副职领导或其他负责人。

根据《安全生产法》第 83 条第 2 款的规定，单位负责人接到事故报告后，应当迅速采取有效措施，组织抢救，防止事故扩大，减少人员伤亡和财产损失，并按照国家有关规定立即如实报告当地负有安全生产监督管理职责的部门，不得隐瞒不报、谎报或者迟报，不得故意破坏事故现场、毁灭有关证据。

86 负有安全生产监督管理职责的部门应如何上报事故？

对生产安全事故进行报告不仅是生产经营单位及其负责人的义务，也是负有安全生产监督管理职责的部门的义务。负有安全生产监督管理职责的部门接到事故报告后，应当立即按照《生产安全事故报告和调查处理条例》的规定上报事故情况，并及时通知公安机关、劳动保障行政部门等。负有安全生产监督管理职责的部门和有关地方人民政府对事故情况不得隐瞒不报、谎报或者迟报。

87 政府和负有安全生产监督管理职责的部门在事故抢救方面负有哪些职责？

根据《安全生产法》第 85 条的规定，有关地方人民政府和负有安全生产监督管理职责的部门的负责人接到生产安全事故报告后，应当按照生产安全事故应急救援预案的要求立即赶到事故现场，组织事故抢救。

参与事故抢救的部门和单位应当服从统一指挥，加强协同联动，采取有效的应急救援措施，并根据事故救援的需要采取警戒、疏散等措施，防止事故扩大和次生灾害的发生，减少人员伤亡和财产损失。

事故抢救过程中应当采取必要措施，避免或者减少对环境造成的危害。

任何单位和个人都应当支持、配合事故抢救，并提供一切便利条件。

88 生产安全事故调查处理应采取哪些措施？

根据《安全生产法》第 86 条的规定，事故调查处理应当按照科学严谨、依法依规、实事求是、注重实效的原则，及时、准确地查清事故原因，查明事故性质和责任，评估应急处置工作，总结事故教训，提出整改措施，并对事故责任单位和人员提出处理建议。事故调查报告应当依法及时向社会公布。事故调查和处理的具体办法由国务院制定。

事故发生单位应当及时全面落实整改措施，负有安全生产监督管理职责的部门应当加强监督检查。

负责事故调查处理的国务院有关部门和地方人民政府应当在批复事故调查报告后一年内，组织有关部门对事故整改和防范措施落实情况进行评估，并及时向社会公开评估结果；对不履行职责导致事故整改和防范措施没有落实的有关单位和人员，应当按照有关规定追究责任。

89 《安全生产法》对于监管部门审查批准和监督过程中失职、渎职行为的法律责任是如何规定的？

根据《安全生产法》第 87 条的规定，生产经营单位发生生产安全事故，经调查确定为责任事故的，除了应当查明事故单位的责任并依法予以追究外，还应当查明对安全生产的有关事项负有审查批准和监督职责的行政部门的责任，对有失职、渎职行为的，依照《安全生产法》第 90 条的规定追究法律责任。具体而言，对安全生产的有关事项负有审查批准和监督职责的部门的工作人员有失职、渎职行为的，给予降级或者撤职的处分；构成犯罪的，依照《刑法》有关规定追究刑事责任。

90 如何从制度上排除干扰和阻力对生产安全事故进行调查和处理？

为了保证事故调查处理的顺利进行，必须从制度上排除一切干扰和阻力。《安全生产法》第 88 条明确规定，任何单位和个人不得阻挠和干涉对事故的依法调查处理。生产经营单位及其有关人员，地方人民政府、政府有关部门及其工作人员以及其他任何单位和个人，都不得阻挠和干涉对事故的依法调查处理。

对生产安全事故进行调查处理，是严格执法、搞好安全生产工作的重要方面。通过对生产安全事故的调查处理，查清事故发生的原因，找到安全技术和管理方面存在的问题，可以更有针对性地采取预防措施；严肃处理事故责任人，可以教育有关人员从中吸取教训，增强安全生产的意识和执行安全法律、法规的观念。无论是发生生产事故的生产经营单位、从业人员，还是其他有关单位和个人，都应当对事故调查进行积极配合，不得阻挠和干预。否则，要根据情节轻重追究其相应的责任。

91 生产安全事故情况是否需要定期统计分析、定期向社会公布？

《安全生产法》第 89 条明确规定，县级以上地方各级人民政府应急管理部门应当定期统计分析本行政区域内发生生产安全事故的情况，并定期向社会公布。

地方人民政府应急管理部门应当认真做好对事故统计分析工作，为总结事故教训、找出安全生产中的薄弱环节、有针对性地加强事故预防提供依据。同时，通过定期公布本行政区域内的生产事故情况，可以对可能发生事故的生产经营单位起到警戒作用。

第六章　法律责任

92 安全生产监督管理工作人员的哪些违法行为应给予处罚？

根据《安全生产法》第 90 条的规定，负有安全生产监督管理职责的部门的工作人员，有下列行为之一的，给予降级或者撤职的处分；构成犯罪的，依照《刑法》有关规定追究刑事责任：（1）对不符合法定安全生产条件的涉及安全生产的事项予以批准或者验收通过的；（2）发现未依法取得批准、验收的单位擅自从事有关活动或者接到举报后不予取缔或者不依法予以处理的；（3）对已经依法取得批准的单位不履行监督管理职责，发现其不再具备安全生产条件而不撤销原批准或者发现安全生产违法行为不予查处的；（4）在监督检查中发现重大事故隐患，不依法及时处理的。负有安全生产监督管理职责的部门的工作人员有上述规定以外的滥用职权、玩忽职守、徇私舞弊行为的，依法给予处分；构成犯罪的，依照《刑法》有关规定追究刑事责任。

需要注意的是，负有安全生产监督管理职责的部门的工作人员违法情节严重，构成犯罪的，其相关刑事责任的罪名主要涉及玩忽职守罪和滥用职权罪。

93 监管部门违反规定被审查验收单位指定购买产品或者收取审查、验收费用的该如何处理？

对有关安全生产设施、设备等依法进行安全审查、验收，是负有安全生产监督管理职责的部门的权力，同时也是其必须履行的职责，其在此过程中不得滥用职权，更不得以权谋私。因此，《安全生产法》规定负有安全生产监督管理职责的部门不得要求被审查、验收的单位购买其指定的安全设备、器材或者其他产品，不得在对安全生产事项的审查、验收中收取费用。

根据《安全生产法》第91条的规定，负有安全生产监督管理职责的部门，要求被审查、验收的单位购买其指定的安全设备、器材或者其他产品的，在对安全生产事项的审查、验收中收取费用的，由其上级机关或者监察机关责令改正，责令退还收取的费用；情节严重的，对直接负责的主管人员和其他直接责任人员依法给予处分。

94 承担安全生产技术服务机构违背职业道德或者执业准则出具失实报告或者有租借资质、挂靠等行为的，将承担怎样的法律责任？

承担安全评价、认证、检测、检验职责的机构是提供技术服务的机构，其出具的安全评价报告，作出的认证、检测、检验结论是安全生产单位开展安全生产活动以及负有安全生产监督管理职责的部门进行安全生产监督管理的重要依据。如果其出具的有关安全生产的报告失实或者租借资质、挂靠、出具虚假报告，会对安全生产构成很大威胁，甚至会因此导致重大生产安全事故，因此对此种行为必须予以禁止。

根据《安全生产法》第92条的规定，承担安全评价、认证、检测、检验职责的机构出具失实报告的，责令停业整顿，并处3万元以上10万元以下的罚款；给他人造成损害的，依法承担赔偿责任。承担安全评价、认证、检测、检验职责的机构租借资质、挂靠、出具虚假报告的，没收违法所得；违法所得在10万元以上的，并处违法所得2倍以上5倍以下的罚款，没有违法所得或者违法所得不足10万元的，单处或者并处10万元以上20万元以下的罚款；对其直接负责的主管人员和其他直接责任人员处5万元以上10万元以下的罚款；给他人造成损害的，与生产经营单位承担连带赔偿责任；构成犯罪的，依照《刑法》有关规定追究刑事责任。对有上述违法行为的机构及其直接责任人员，吊销其相应资质和资格，5年内不得从事安全评价、认证、检测、检验等工作；情节严重的，实行终身行业和职业禁入。

95 生产经营单位不依法投入安全生产费用将承担怎样的法律责任？

保障安全生产，需要投入资金进行安全设施的建造、维护，安全设备的配备、维护、保养、更新以及对从业人员的培训等。缺乏保障安全生产所必需的资金投入，直接的后果是使生产经营单位不具备安全生产条件，严重的则可能导致生产安全事故。因此《安全生产法》规定，生产经营单位应当具备的安全生产条件所必需的资金投入，由生产经营单位的决策机构、主要负责人或者个人经营的投资人予以保证，并对由于安全生产所必需的资金投入不足导致的后果承担责任。

根据《安全生产法》第 93 条规定，生产经营单位的决策机构、主要负责人或者个人经营的投资人不依照《安全生产法》规定保证安全生产所必需的资金投入，致使生产经营单位不具备安全生产条件的，责令限期改正，提供必需的资金；逾期未改正的，责令生产经营单位停产停业整顿。有上述违法行为，导致发生生产安全事故的，对生产经营单位的主要负责人给予撤职处分，对个人经营的投资人处 2 万元以上 20 万元以下的罚款；构成犯罪的，依照《刑法》有关规定追究刑事责任。

96 生产经营单位主要负责人不履行安全生产管理职责时，需要承担什么法律责任？

根据《安全生产法》规定，生产经营单位的主要负责人对本单位的安全生产工作负有以下职责：（1）建立、健全本单位安全生产责任制；（2）组织制定本单位安全生产规章制度和操作规程；（3）保证本单位的安全生产投入的有效实施；（4）督促、检查本单位的安全生产工作，及时消除生产安全事故隐患；（5）组织制定并实施本单位的生产安全事故应急救援预案；（6）及时、如实报告生产安全事故。这些都是生产经营单位的主要负责人必须履行的法定职责，生产经营单位的主要负责人不履行法律规定的职责的，应追究其法律责任。

根据《安全生产法》第 94 条的规定，生产经营单位的主要负责人未履行《安全生产法》规定的安全生产管理职责的，责令限期改正，处2万元以上5万元以下的罚款；逾期未改正的，处5万元以上10万元以下的罚款，责令生产经营单位停产停业整顿。生产经营单位的主要负责人有上述违法行为，导致发生生产安全事故的，给予撤职处分；构成犯罪的，依照《刑法》有关规定追究刑事责任。生产经营单位的主要负责人依照上述规定受刑事处罚或者撤职处分的，自刑罚执行完毕或者受处分之日起，5年内不得担任任何生产经营单位的主要负责人；对重大、特别重大生产安全事故负有责任的，终身不得担任本行业生产经营单位的主要负责人。

97 生产经营单位的主要负责人未履行安全生产管理职责导致生产安全事故发生的，应急管理部门可以对其处以多少罚款？

应急管理部门对生产经营单位的主要负责人处以罚款需同时满足两个条件：一是其未履行《安全生产法》规定的安全生产管理职责；二是发生生产安全事故。对其的处罚标准需要根据两个因素确定：一是生产安全事故的严重程度；二是主要负责人的收入。

根据《安全生产法》第95条规定，生产经营单位的主要负责人未履行《安全生产法》规定的安全生产管理职责，导致发生生产安全事故的，由应急管理部门依照下列规定处以罚款：（1）发生一般事故的，处上一年年收入40%的罚款；（2）发生较大事故的，处上一年年收入60%的罚款；（3）发生重大事故的，处上一年年收入80%的罚款；（4）发生特别重大事故的，处上一年年收入100%的罚款。

98 生产经营单位的其他负责人和安全生产管理人员未依法履行职责，应当承担怎样的法律责任？

根据《安全生产法》第96条的规定，生产经营单位的其他负责人和安全生产管理人员未履行《安全生产法》规定的安全生产管理职责的，责令限期改正，处1万元以上3万元以下的罚款；导致发生生产安全事故的，暂停或者吊销其与安全生产有关的资格，并处上一年年收入20%以上50%以下的罚款；构成犯罪的，依照《刑法》有关规定追究刑事责任。

99 生产经营单位在从业人员配备、教育培训、制定预案等方面存在违法行为的，如何处罚？

根据《安全生产法》第97条的规定，生产经营单位有下列行为之一的，责令限期改正，处10万元以下的罚款；逾期未改正的，责令停产停业整顿，并处10万元以上20万元以下的罚款，对其直接负责的主管人员和其他直接责任人员处2万元以上5万元以下的罚款：（1）未按照规定设置安全生产管理机构或者配备安全生产管理人员、注册安全工程师的；（2）危险物品的生产、经营、储存、装卸单位以及矿山、金属冶炼、建筑施工、运输单位的主要负责人和安全生产管理人员未按照规定经考核合格的；（3）未按照规定对从业人员、被派遣劳动者、实习学生进行安全生产教育和培训，或者未按照规定如实告知有关的安全生产事项的；（4）未如实记录安全生产教育和培训情况的；（5）未将事故隐患排查治理情况如实记录或者未向从业人员通报的；（6）未按照规定制定生产安全事故应急救援预案或者未定期组织演练的；（7）特种作业人员未按照规定经专门的安全作业培训并取得相应资格，上岗作业的。

100 生产经营单位在矿山、金属冶炼建设项目方面存在违法行为的，应当承担怎样的法律责任？

矿山、金属冶炼建设项目或者用于生产、储存、装卸危险物品的建设项目涉及较高的生产安全要求，比如需要对其进行安全评价，需要有安全设施设计并按照有关规定报经有关部门审查同意，施工单位必须按照批准的安全设施设计施工，安全设施需要经验收合格等，生产经营单位未做到以上相关要求的，需承担相应的法律责任。

根据《安全生产法》第98条的规定，生产经营单位有下列行为之一的，责令停止建设或者停产停业整顿，限期改正，并处10万元以上50万元以下的罚款，对其直接负责的主管人员和其他直接责任人员处2万元以上5万元以下的罚款；逾期未改正的，处50万元以上100万元以下的罚款，对其直接负责的主管人员和其他直接责任人员处5万元以上10万元以下的罚款；构成犯罪的，依照《刑法》有关规定追究刑事责任：（1）未按照规定对矿山、金属冶炼建设项目或者用于生产、储存、装卸危险物品的建设项目进行安全评价的；（2）矿山、金属冶炼建设项目或者用于生产、储存、装卸危险物品的建设项目没有安全设施设计或者安全设施设计未按照规定报经有关部门审查同意的；（3）矿山、金属冶炼建设项目或者用于生产、储存、装卸危险物品的建设项目的施工单位未按照批准的安全设施设计施工的；（4）矿山、金属冶炼建设项目或者用于生产、储存、装卸危险物品的建设项目竣工投入生产或者使用前，安全设施未经验收合格的。

101 生产经营单位作为用人单位未尽到安全防护义务，应当承担何种法律责任？

生产经营单位必须遵守法律、法规的规定，加强安全生产管理，建立健全全员安全生产责任制和安全生产规章制度，履行安全防护义务。如果生产经营单位未尽到安全防护义务，需要承担相应的法律责任。

根据《安全生产法》第99条的规定，生产经营单位有下列行为之一的，责令限期改正，处5万元以下的罚款；逾期未改正的，处5万元以上20万元以下的罚款，对其直接负责的主管人员和其他直接责任人员处1万元以上2万元以下的罚款；情节严重的，责令停产停业整顿；构成犯罪的，依照《刑法》有关规定追究刑事责任：（1）未在有较大危险因素的生产经营场所和有关设施、设备上设置明显的安全警示标志的；（2）安全设备的安装、使用、检测、改造和报废不符合国家标准或者行业标准的；（3）未对安全设备进行经常性维护、保养和定期检测的；（4）关闭、破坏直接关系生产安全的监控、报警、防护、救生设备、设施，或者篡改、隐瞒、销毁其相关数据、信息的；(5) 未为从业人员提供符合国家标准或者行业标准的劳动防护用品的；(6) 危险物品的容器、运输工具，以及涉及人身安全、危险性较大的海洋石油开采特种设备和矿山井下特种设备未经具有专业资质的机构检测、检验合格，取得安全使用证或者安全标志，投入使用的；(7) 使用应当淘汰的危及生产安全的工艺、设备的；(8) 餐饮等行业的生产经营单位使用燃气未安装可燃气体报警装置的。

102 生产经营单位违反危险物品安全管理规定将承担什么法律责任？

生产经营单位生产、经营、运输、储存、使用危险物品或者处置废弃危险物品的，需要由有关主管部门依照有关法律、法规的规定和国家标准或者行业标准审批并实施监督管理，否则构成违法行为，需要承担相应的法律责任。

根据《安全生产法》第 100 条的规定，未经依法批准，擅自生产、经营、运输、储存、使用危险物品或者处置废弃危险物品的，依照有关危险物品安全管理的法律、行政法规的规定予以处罚；构成犯罪的，依照《刑法》有关规定追究刑事责任。

103 生产经营单位违反危险物品管理规定，进行危险作业未安排专人进行管理、未采取风险管控措施、未建立事故隐患排查制度等，应承担何种法律责任？

生产经营单位必须遵守法律、法规中有关安全生产的相关规定，加强安全生产管理。生产经营单位违反危险物品管理规定，进行危险作业未安排专人进行管理、未采取风险管控措施、未建立事故隐患排查制度等，需承担相应的法律责任。

根据《安全生产法》第101条的规定，生产经营单位有下列行为之一的，责令限期改正，处10万元以下的罚款；逾期未改正的，责令停产停业整顿，并处10万元以上20万元以下的罚款，对其直接负责的主管人员和其他直接责任人员处2万元以上5万元以下的罚款；构成犯罪的，依照《刑法》有关规定追究刑事责任：（1）生产、经营、运输、储存、使用危险物品或者处置废弃危险物品，未建立专门安全管理制度、未采取可靠的安全措施的；（2）对重大危险源未登记建档，未进行定期检测、评估、监控，未制定应急预案，或者未告知应急措施的；（3）进行爆破、吊装、动火、临时用电以及国务院应急管理部门会同国务院有关部门规定的其他危险作业，未安排专门人员进行现场安全管理的；（4）未建立安全风险分级管控制度或者未按照安全风险分级采取相应管控措施的；（5）未建立事故隐患排查治理制度，或者重大事故隐患排查治理情况未按照规定报告的。

104 生产经营单位未采取措施消除事故隐患的将承担什么法律责任？

生产经营单位要对本单位安全生产全面负责，生产经营单位有主动发现并消除事故隐患的责任，防止生产安全事故的发生。负有安全生产监督管理的部门有对生产经营单位进行监督检查的职责，对其在监督检查中发现的问题，有权作出责令限期改正等现场处理措施，也有权作出行政处罚。

根据《安全生产法》第 102 条的规定，生产经营单位未采取措施消除事故隐患的，责令立即消除或者限期消除，处 5 万元以下的罚款；生产经营单位拒不执行的，责令停产停业整顿，对其直接负责的主管人员和其他直接责任人员处 5 万元以上 10 万元以下的罚款；构成犯罪的，依照《刑法》有关规定追究刑事责任。

105 生产经营单位将生产经营项目、场所违法发包、出租后，将承担怎样的法律责任？

《安全生产法》明确规定，生产经营单位不得将生产经营项目、场所、设备发包或者出租给不具备安全生产条件或者相应资质的单位或者个人。生产经营项目、场所发包或者出租给其他单位的，生产经营单位应当与承包单位、承租单位签订专门的安全生产管理协议，或者在承包合同、租赁合同中约定各自的安全生产管理职责；生产经营单位对承包单位、承租单位的安全生产工作统一协调、管理，定期进行安全检查，发现安全问题的，应当及时督促整改。生产经营单位违反上述规定发包或者出租的，实际上是一种对安全生产不负责任的行为，应当承担相应的法律责任。

根据《安全生产法》第 103 条的规定，生产经营单位将生产经营项目、场所、设备发包或者出租给不具备安全生产条件或者相应资质的单位或者个人的，责令限期改正，没收违法所得；违法所得 10 万元以上的，并处违法所得 2 倍以上 5 倍以下的罚款；没有违法所得或者违法所得不足 10 万元的，单处或者并处 10 万元以上20万元以下的罚款；对其直接负责的主管人员和其他直接责任人员处1万元以上2万元以下的罚款；导致发生生产安全事故给他人造成损害的，与承包方、承租方承担连带赔偿责任。生产经营单位未与承包单位、承租单位签订专门的安全生产管理协议或者未在承包合同、租赁合同中明确各自的安全生产管理职责，或者未对承包单位、承租单位的安全生产统一协调、管理的，责令限期改正，处5万元以下的罚款，对其直接负责的主管人员和其他直接责任人员处1万元以下的罚款；逾期未改正的，责令停产停业整顿。矿山、金属冶炼建设项目和用于生产、储存、装卸危险物品的建设项目的施工单位未按照规定对施工项目进行安全管理的，责令限期改正，处10万元以下的罚款，对其直接负责的主管人员和其他直接责任人员处2万元以下的罚款；逾期未改正的，责令停产停业整顿。以上施工单位倒卖、出租、出借、挂靠或者以其他形式非法转让施工资质的，责令停产停业整顿，吊销资质证书，没收违法所得；违法所得10万元以上的，并处违法所得2倍以上5倍以下的罚款，没有违法所得或者违法所得不足10万元的，单处或者并处10万元以上20万元以下的罚款；对其直接负责的主管人员和其他直接责任人员处5万元以上10万元以下的罚款；构成犯罪的，依照《刑法》有关规定追究刑事责任。

106 两个以上生产经营单位在同一作业区域内进行可能危及对方安全生产的，将承担怎样的法律责任？

两个以上生产经营单位在同一作业区域内进行生产经营活

动，可能危及对方生产安全的，应当签订安全生产管理协议，明确各自的安全生产管理职责和应当采取的安全措施，并指定专职安全生产管理人员进行安全检查与协调。其目的在于落实安全生产管理责任制，保证各项安全措施落到实处。符合规定情形的生产经营单位应当既签订安全生产管理协议，又指定专职安全生产管理人员。既不签订安全生产管理协议又不指定专职安全生产管理人员、只签订安全生产管理协议而未指定专职安全生产管理人员以及只指定专职安全生产管理人员而未签订安全生产管理协议的行为均为违法行为，应当承担相应的法律责任。

根据《安全生产法》第 104 条的规定，两个以上生产经营单位在同一作业区域内进行可能危及对方安全生产的生产经营活动，未签订安全生产管理协议或者未指定专职安全生产管理人员进行安全检查与协调的，责令限期改正，处 5 万元以下的罚款，对其直接负责的主管人员和其他直接责任人员处 1 万元以下的罚款；逾期未改正的，责令停产停业。

107 生产经营场所和员工宿舍存在安全隐患时，生产经营单位将承担什么法律责任？

为保障单位生产和员工生活安全，生产、经营、储存、使用危险物品的车间、商店、仓库不得与员工宿舍在同一座建筑物内，或者应当与员工宿舍保持安全距离。生产经营场所和员工宿舍应当设有符合紧急疏散要求、标志明显、保持畅通的出口、疏散通道。禁止占用、锁闭、封堵生产经营场所或者员工宿舍的出口、疏散通道。生产经营单位违反以上规定，需要承担相应的法律责任。

根据《安全生产法》第105条的规定，生产经营单位有下列行为之一的，责令限期改正，处5万元以下的罚款，对其直接负责的主管人员和其他直接责任人员处一万元以下的罚款；逾期未改正的，责令停产停业整顿；构成犯罪的，依照《刑法》有关规定追究刑事责任：（1）生产、经营、储存、使用危险物品的车间、商店、仓库与员工宿舍在同一座建筑内，或者与员工宿舍的距离不符合安全要求的；（2）生产经营场所和员工宿舍未设有符合紧急疏散需要、标志明显、保持畅通的出口、疏散通道，或者占用、锁闭、封堵生产经营场所或者员工宿舍出口、疏散通道的。

108 生产经营单位与从业人员签订免除、减轻其对从业人员因生产安全事故伤亡责任的协议是否有效？对此种行为应如何处罚？

《安全生产法》规定，生产经营单位不得以任何形式与从业人员订立协议，免除或者减轻其对从业人员因生产安全事故伤亡依法应承担的责任，这是对从业人员劳动安全合法权利的法律保障。这里的“协议”，既包括生产经营单位与从业人员单独订立的协议，也包括生产经营单位与从业人员签订的劳动合同中的有关条款。生产经营单位违反规定，与从业人员签订协议，免除或者减轻因发生生产安全事故造成从业人员伤亡依法应当承担的责任的，需要承担相应的法律责任。

根据《安全生产法》第106条的规定，生产经营单位与从业人员订立协议，免除或者减轻其对从业人员因生产安全事故伤亡依法应承担的责任的，该协议无效；对生产经营单位的主要负责人、个人经营的投资人处2万元以上10万元以下的罚款。

需注意的是，承担法律责任的主体是生产经营单位的主要负责人和个人经营的投资人，而不是生产经营单位。根据法律规定，生产经营单位的主要负责人对本单位的安全生产工作全面负责，既有管理指挥的权力，又有承担全面责任的义务。此举可以在实践中避免一些个人业主招用其他人挂名而逃脱自身应尽责任情形的发生。

109 生产经营单位的从业人员有违章操作行为的，对其应进行何种处罚？

作为生产经营单位的从业人员，在作业过程中应当严格遵守本单位的安全生产规章制度和操作规程，服从管理，正确佩戴和使用劳动防护用品，落实岗位安全责任。这既是从业人员应当履行的义务，也是保障安全生产的一个必要条件，从业人员必须遵守。如果从业人员违反了这一义务，就需要承担相应的法律责任。

根据《安全生产法》第107条的规定，生产经营单位的从业人员不落实岗位安全责任，不服从管理，违反安全生产规章制度或者操作规程的，由生产经营单位给予批评教育，依照有关规章制度给予处分；构成犯罪的，依照《刑法》有关规定追究刑事责任。

110 生产经营单位拒绝、阻碍负有安全生产监督管理职责部门的监督检查时，需承担怎样的法律责任？

保障负有安全生产监督管理职责的部门依法履行职责，是加强安全生产监督、发现并消除事故隐患、保护人民群众生命财产安全的重要方面。生产经营单位对负有安全生产监督管理职责部门的监督检查人员依法履行的监督检查职责应当予以配合，不得拒绝、阻挠。对拒绝、阻碍其依法履行职责的行为，需要承担相应的法律责任。

根据《安全生产法》第108条的规定，违反《安全生产法》规定，生产经营单位拒绝、阻碍负有安全生产监督管理职责的部门依法实施监督检查的，责令改正；拒不改正的，处2万元以上20万元以下的罚款；对其直接负责的主管人员和其他直接责任人员处1万元以上2万元以下的罚款；构成犯罪的，依照《刑法》有关规定追究刑事责任。

111 高危行业、领域的生产经营单位不遵守国家规定，未投保安全生产责任保险的，将承担怎样的法律责任？

国家鼓励生产经营单位投保安全生产责任保险，尤其属于国家规定的高危行业、领域的生产经营单位的，必须根据国务院应急管理部门会同国务院财政部门、国务院保险监督管理机构和相关行业主管部门制定的具体范围及实施办法投保安全生产责任保险。违反这一规定的，需要接受法律的处罚。

根据《安全生产法》第 109 条的规定，高危行业、领域的生产经营单位未按照国家规定投保安全生产责任保险的，责令限期改正，处 5 万元以上 10 万元以下的罚款；逾期未改正的，处 10 万元以上 20 万元以下的罚款。

112 生产经营单位的主要负责人在发生事故后不立即组织抢救、擅离职守或者逃匿的，将会面临怎样的处罚？

产经营单位发生生产安全事故时，单位的主要负责人应当立即组织抢救。事故现场有关人员应当立即报告本单位负责人，单位负责人接到事故报告后，应当迅速采取有效措施，组织抢救；并不得在事故调查处理期间擅离职守。此外，及时、如实报告本单位生产安全事故也是生产经营单位主要负责人的法定职责之一。作为生产经营单位的主要负责人，在发生生产安全事故时，有义务按照法律规定尽力去抢救，使损失降到最低；并及时、如实地向有关部门报告，使有关部门能够尽快知悉事故情况，采取必要的措施。否则根据《安全生产法》第 110 条的规定，其将面临以下处罚：

（1）给予降级、撤职的处分并处以罚款。生产经营单位的主要负责人在本单位发生生产安全事故时，不立即组织抢救或者在事故调查处理期间擅离职守或者逃匿，属于性质较为恶劣、情节较为严重的违法行为，相应给予降级和撤职处分。至于具体给予降级处分还是撤职处分，则根据行为人的违法情节进一步确定。同时，对该主要负责人由应急管理部门处其上一年年收入 60%至 100%的罚款。

（2）对于发生事故后逃匿的，由公安机关依照《治安管理处罚法》规定的程序处15日以下拘留。

（3）若构成犯罪，则依照《刑法》有关规定追究生产经营单位及其主要负责人的刑事责任，可根据具体情况按照《刑法》第139条之一不报、谎报安全事故罪或者《刑法》第168条国有公司、企业、事业单位人员滥用职权罪的规定追究其刑事责任。

113 地方人民政府及监管部门对生产安全事故瞒报、谎报或者迟报的，将承担什么法律责任？

负有安全生产监督管理职责的部门在接到事故报告后，应当立即按照国家有关规定上报事故情况。负有安全生产监督管理职责的部门和有关地方人民政府对事故情况不得隐瞒不报、谎报或者迟报。违反了这一规定，就要承担相应的法律责任。

根据《安全生产法》第111条的规定，生产经营单位的主要负责人在本单位发生生产安全事故时，不立即组织抢救或者在事故调查处理期间擅离职守或者逃匿的，给予降级、撤职的处分，并由应急管理部门处上一年年收入60%至100%的罚款；对逃匿的处15日以下拘留；构成犯罪的，依照《刑法》有关规定追究刑事责任。

生产经营单位的主要负责人对生产安全事故隐瞒不报、谎报或者迟报的，依照上述规定处罚。

114 生产经营单位被处以罚款后，逾期仍不改正的，将承担怎样的法律责任？

根据《安全生产法》第112条的规定，生产经营单位违反本法规定，被责令改正且受到罚款处罚，拒不改正的，负有安全生产监督管理职责的部门可以自作出责令改正之日的次日起，按照原处罚数额按日连续处罚。

115 生产经营单位在何种情形下会被吊销有关证照？此时该单位主要负责人又将承担何种法律责任？

生产经营单位应当按照法律规定保障安全生产，防止和减少生产安全事故，根据《安全生产法》第113条的规定，当存在以下情形之一时即意味着该单位的生产工作无法确保安全生产的有序、持续进行，无法保障人民群众生命和财产安全，应当被负有安全生产监督管理职责的部门提请地方人民政府予以关闭，有关部门应当依法吊销其有关证照：（1）存在重大事故隐患，180日内3次或者一年内4次受到本法规定的行政处罚的；（2）经停产停业整顿，仍不具备法律、行政法规和国家标准或者行业标准规定的安全生产条件的；（3）不具备法律、行政法规和国家标准或者行业标准规定的安全生产条件，导致发生重大、特别重大生产安全事故的；（4）拒不执行负有安全生产监督管理职责的部门作出的停产停业整顿决定的。

生产经营单位的主要负责人是本单位安全生产的第一责任

人，对本单位的安全生产工作全面负责。根据《安全生产法》第113条的规定，生产经营单位出现上述情形被吊销有关证照的，主要责任人将承担一定的法律责任：5年内不得担任任何生产经营单位的主要负责人；情节严重的，终身不得担任本行业生产经营单位的主要负责人。

116 发生生产安全事故后，负有责任的生产经营单位将承担怎样的法律责任？

根据《安全生产法》第114条的规定，发生生产安全事故，对负有责任的生产经营单位除要求其依法承担相应的赔偿等责任外，由应急管理部门依照下列规定处以罚款：（1）发生一般事故的，处30万元以上100万元以下的罚款；（2）发生较大事故的，处100万元以上200万元以下的罚款；（3）发生重大事故的，处200万元以上1000万元以下的罚款；（4）发生特别重大事故的，处1000万元以上2000万元以下的罚款。发生生产安全事故，情节特别严重、影响特别恶劣的，应急管理部门可以按照上述罚款数额的2倍以上5倍以下对负有责任的生产经营单位处以罚款。

“事故”既包括重特大事故和较大事故，也包括一般事故，而各类事故的划分标准由国务院规定。需要注意的是，这是所说的“事故”指的是责任事故，因第三方原因、不可抗力等因素引起的事故，生产经营单位没有责任，不应当予以处罚。

另外，生产安全事故发生后，往往需要对受害人承担民事赔偿责任，对事故责任单位处以罚款与生产经营单位依法承担民事赔偿责任并不冲突，二者互不影响。

117 对于生产经营单位的违法行为，哪些机关有权作出处罚的决定？

根据《安全生产法》第115条的规定，《安全生产法》规定的行政处罚，由应急管理部门和其他负有安全生产监督管理职责的部门按照职责分工决定；其中，根据《安全生产法》第95条、第110条、第114条的规定应当给予民航、铁路、电力行业的生产经营单位及其主要负责人行政处罚的，也可以由主管的负有安全生产监督管理职责的部门进行处罚。予以关闭的行政处罚，由负有安全生产监督管理职责的部门报请县级以上人民政府按照国务院规定的权限决定；给予拘留的行政处罚，由公安机关依照治安管理处罚的规定决定。

118 生产经营单位发生生产安全事故后，相关赔偿责任如何履行？

根据《安全生产法》第116条的规定，生产经营单位发生生产安全事故造成人员伤亡、他人财产损失的，应当依法承担赔偿责任；拒不承担或者其负责人逃匿的，由人民法院依法强制执行。

生产安全事故的责任人未依法承担赔偿责任，经人民法院依法采取执行措施后，仍不能对受害人给予足额赔偿的，应当继续履行赔偿义务；受害人发现责任人有其他财产的，可以随时请求人民法院执行。

第七章　附　　则

119《安全生产法》对危险物品和重大危险源是怎样界定的?

根据《安全生产法》第 117 条的规定，危险物品，是指易燃易爆物品、危险化学品、放射性物品等能够危及人身安全和财产安全的物品。

重大危险源，是指长期地或者临时地生产、搬运、使用或者储存危险物品，且危险物品的数量等于或者超过临界量的单元(包括场所和设施)。

120《安全生产法》中事故的分类标准和相关行业、领域重大事故隐患的判定标准由哪个部门规定?

根据《安全生产法》第 118 条的规定，《安全生产法》规定的生产安全一般事故、较大事故、重大事故、特别重大事故的划分标准由国务院规定。

国务院应急管理部门和其他负有安全生产监督管理职责的部门应当根据各自的职责分工，制定相关行业、领域重大危险源的辨识标准和重大事故隐患的判定标准。

附录

附录一　新旧对照

安全生产法新旧条文对照表

2014年《安全生产法》	2021年《安全生产法》
第一章　总　　则	**第一章　总　　则**
第一条　为了加强安全生产工作,防止和减少生产安全事故,保障人民群众生命和财产安全,促进经济社会持续健康发展,制定本法。	**第一条**　为了加强安全生产工作,防止和减少生产安全事故,保障人民群众生命和财产安全,促进经济社会持续健康发展,制定本法。
第二条　在中华人民共和国领域内从事生产经营活动的单位(以下统称生产经营单位)的安全生产,适用本法;有关法律、行政法规对消防安全和道路交通安全、铁路交通安全、水上交通安全、民用航空安全以及核与辐射安全、特种设备安全另有规定的,适用其规定。	**第二条**　在中华人民共和国领域内从事生产经营活动的单位(以下统称生产经营单位)的安全生产,适用本法;有关法律、行政法规对消防安全和道路交通安全、铁路交通安全、水上交通安全、民用航空安全以及核与辐射安全、特种设备安全另有规定的,适用其规定。
第三条　安全生产工作应当以人为本,坚持安全发展,坚持安全第一、预防为主、综合治理的方针,强化和落实生产经营单位的主体责任,建立生产经营单位负责、职工参与、政府监管、行业自律和社会监督的机制。	**第三条**　**安全生产工作坚持中国共产党的领导。** 安全生产工作应当以人为本,坚持**人民至上、生命至上,把保护人民生命安全摆在首位,树牢**安全发展**理念**,坚持安全第一、预防为主、综合治理的方针,**从源头上防范化解重大安全风险。** **安全生产工作实行管行业必须管安全、管业务必须管安全、管生产经营必须管安全,**强化和落实生产经营单位主体责任**与政府监管责任**,建

续表

2014 年《安全生产法》	2021 年《安全生产法》
	立生产经营单位负责、职工参与、政府监管、行业自律和社会监督的机制。
第四条 生产经营单位必须遵守本法和其他有关安全生产的法律、法规，加强安全生产管理，建立、健全安全生产责任制和安全生产规章制度，改善安全生产条件，推进安全生产标准化建设，提高安全生产水平，确保安全生产。	**第四条** 生产经营单位必须遵守本法和其他有关安全生产的法律、法规，加强安全生产管理，建立健全**全员**安全生产责任制和安全生产规章制度，**加大对安全生产资金、物资、技术、人员的投入保障力度**，改善安全生产条件，**加强**安全生产标准化、**信息化**建设，**构建安全风险分级管控和隐患排查治理双重预防机制，健全风险防范化解机制**，提高安全生产水平，确保安全生产。 **平台经济等新兴行业、领域的生产经营单位应当根据本行业、领域的特点，建立健全并落实全员安全生产责任制，加强从业人员安全生产教育和培训，履行本法和其他法律、法规规定的有关安全生产义务。**
第五条 生产经营单位的主要负责人对本单位的安全生产工作全面负责。	**第五条** 生产经营单位的主要负责人**是本单位安全生产第一责任人**，对本单位的安全生产工作全面负责。**其他负责人对职责范围内的安全生产工作负责。**
第六条 生产经营单位的从业人员有依法获得安全生产保障的权利，并应当依法履行安全生产方面的义务。	**第六条** 生产经营单位的从业人员有依法获得安全生产保障的权利，并应当依法履行安全生产方面的义务。
第七条 工会依法对安全生产工作进行监督。 生产经营单位的工会依法组织职工参加本单位安全生产工作的民主管理和民主监督，维护职工在安全生产方面的合法权益。生产经营单	**第七条** 工会依法对安全生产工作进行监督。 生产经营单位的工会依法组织职工参加本单位安全生产工作的民主管理和民主监督，维护职工在安全生产方面的合法权益。生产经营单

续表

2014年《安全生产法》	2021年《安全生产法》
位制定或者修改有关安全生产的规章制度，应当听取工会的意见。	位制定或者修改有关安全生产的规章制度，应当听取工会的意见。
第八条第一款　国务院和县级以上地方各级人民政府应当根据国民经济和社会发展规划制定安全生产规划，并组织实施。安全生产规划应当与城乡规划相衔接。	**第八条**　国务院和县级以上地方各级人民政府应当根据国民经济和社会发展规划制定安全生产规划，并组织实施。安全生产规划应当与**国土空间规划等相关**规划相衔接。 **各级人民政府应当加强安全生产基础设施建设和安全生产监管能力建设，所需经费列入本级预算。** **县级以上地方各级人民政府应当组织有关部门建立完善安全风险评估与论证机制，按照安全风险管控要求，进行产业规划和空间布局，并对位置相邻、行业相近、业态相似的生产经营单位实施重大安全风险联防联控。**
第八条第二、三款　国务院和县级以上地方各级人民政府应当加强对安全生产工作的领导，支持、督促各有关部门依法履行安全生产监督管理职责，建立健全安全生产工作协调机制，及时协调、解决安全生产监督管理中存在的重大问题。 乡、镇人民政府以及街道办事处、开发区管理机构等地方人民政府的派出机关应当按照职责，加强对本行政区域内生产经营单位安全生产状况的监督检查，协助上级人民政府有关部门依法履行安全生产监督管理职责。	**第九条**　国务院和县级以上地方各级人民政府应当加强对安全生产工作的领导，建立健全安全生产工作协调机制，支持、督促各有关部门依法履行安全生产监督管理职责，及时协调、解决安全生产监督管理中存在的重大问题。 乡镇人民政府**和**街道办事处，**以及开发区、工业园区、港区、风景区等应当明确负责安全生产监督管理的有关工作机构及其职责，加强安全生产监管力量建设，**按照职责对本行政区域**或者管理区域**内生产经营单位安全生产状况**进行**监督检查，协助人民政府有关部门**或者按照授权**依法履行安全生产监督管理职责。

续表

2014 年《安全生产法》	2021 年《安全生产法》
第九条 国务院安全生产监督管理部门依照本法，对全国安全生产工作实施综合监督管理；县级以上地方各级人民政府安全生产监督管理部门依照本法，对本行政区域内安全生产工作实施综合监督管理。 国务院有关部门依照本法和其他有关法律、行政法规的规定，在各自的职责范围内对有关行业、领域的安全生产工作实施监督管理；县级以上地方各级人民政府有关部门依照本法和其他有关法律、法规的规定，在各自的职责范围内对有关行业、领域的安全生产工作实施监督管理。 安全生产监督管理部门和对有关行业、领域的安全生产工作实施监督管理的部门，统称负有安全生产监督管理职责的部门。	**第十条** 国务院**应急**管理部门依照本法，对全国安全生产工作实施综合监督管理；县级以上地方各级人民政府**应急**管理部门依照本法，对本行政区域内安全生产工作实施综合监督管理。 国务院**交通运输、住房和城乡建设、水利、民航等**有关部门依照本法和其他有关法律、行政法规的规定，在各自的职责范围内对有关行业、领域的安全生产工作实施监督管理；县级以上地方各级人民政府有关部门依照本法和其他有关法律、法规的规定，在各自的职责范围内对有关行业、领域的安全生产工作实施监督管理。**对新兴行业、领域的安全生产监督管理职责不明确的，由县级以上地方各级人民政府按照业务相近的原则确定监督管理部门。** **应急**管理部门和对有关行业、领域的安全生产工作实施监督管理的部门，统称负有安全生产监督管理职责的部门。**负有安全生产监督管理职责的部门应当相互配合、齐抓共管、信息共享、资源共用，依法加强安全生产监督管理工作。**
第十条 国务院有关部门应当按照保障安全生产的要求，依法及时制定有关的国家标准或者行业标准，并根据科技进步和经济发展适时修订。 生产经营单位必须执行依法制定的保障安全生产的国家标准或者行业标准。	**第十一条** 国务院有关部门应当按照保障安全生产的要求，依法及时制定有关的国家标准或者行业标准，并根据科技进步和经济发展适时修订。 生产经营单位必须执行依法制定的保障安全生产的国家标准或者行业标准。

续表

2014 年《安全生产法》	2021 年《安全生产法》
	第十二条　国务院有关部门按照职责分工负责安全生产强制性国家标准的项目提出、组织起草、征求意见、技术审查。国务院应急管理部门统筹提出安全生产强制性国家标准的立项计划。国务院标准化行政主管部门负责安全生产强制性国家标准的立项、编号、对外通报和授权批准发布工作。国务院标准化行政主管部门、有关部门依据法定职责对安全生产强制性国家标准的实施进行监督检查。
第十一条　各级人民政府及其有关部门应当采取多种形式，加强对有关安全生产的法律、法规和安全生产知识的宣传，增强全社会的安全生产意识。	**第十三条**　各级人民政府及其有关部门应当采取多种形式，加强对有关安全生产的法律、法规和安全生产知识的宣传，增强全社会的安全生产意识。
第十二条　有关协会组织依照法律、行政法规和章程，为生产经营单位提供安全生产方面的信息、培训等服务，发挥自律作用，促进生产经营单位加强安全生产管理。	**第十四条**　有关协会组织依照法律、行政法规和章程，为生产经营单位提供安全生产方面的信息、培训等服务，发挥自律作用，促进生产经营单位加强安全生产管理。
第十三条　依法设立的为安全生产提供技术、管理服务的机构，依照法律、行政法规和执业准则，接受生产经营单位的委托为其安全生产工作提供技术、管理服务。 生产经营单位委托前款规定的机构提供安全生产技术、管理服务的，保证安全生产的责任仍由本单位负责。	**第十五条**　依法设立的为安全生产提供技术、管理服务的机构，依照法律、行政法规和执业准则，接受生产经营单位的委托为其安全生产工作提供技术、管理服务。 生产经营单位委托前款规定的机构提供安全生产技术、管理服务的，保证安全生产的责任仍由本单位负责。

续表

2014 年《安全生产法》	2021 年《安全生产法》
第十四条 国家实行生产安全事故责任追究制度，依照本法和有关法律、法规的规定，追究生产安全事故责任人员的法律责任。	**第十六条** 国家实行生产安全事故责任追究制度，依照本法和有关法律、法规的规定，追究生产安全事故**责任单位和**责任人员的法律责任。
	第十七条 县级以上各级人民政府应当组织负有安全生产监督管理职责的部门依法编制安全生产权力和责任清单，公开并接受社会监督。
第十五条 国家鼓励和支持安全生产科学技术研究和安全生产先进技术的推广应用，提高安全生产水平。	**第十八条** 国家鼓励和支持安全生产科学技术研究和安全生产先进技术的推广应用，提高安全生产水平。
第十六条 国家对在改善安全生产条件、防止生产安全事故、参加抢险救护等方面取得显著成绩的单位和个人，给予奖励。	**第十九条** 国家对在改善安全生产条件、防止生产安全事故、参加抢险救护等方面取得显著成绩的单位和个人，给予奖励。
第二章 生产经营单位的安全生产保障	**第二章 生产经营单位的安全生产保障**
第十七条 生产经营单位应当具备本法和有关法律、行政法规和国家标准或者行业标准规定的安全生产条件；不具备安全生产条件的，不得从事生产经营活动。	**第二十条** 生产经营单位应当具备本法和有关法律、行政法规和国家标准或者行业标准规定的安全生产条件；不具备安全生产条件的，不得从事生产经营活动。
第十八条 生产经营单位的主要负责人对本单位安全生产工作负有下列职责： （一）建立、健全本单位安全生产责任制； （二）组织制定本单位安全生产规章制度和操作规程；	**第二十一条** 生产经营单位的主要负责人对本单位安全生产工作负有下列职责： （一）**建立健全并落实**本单位**全员**安全生产责任制，**加强安全生产标准化建设**； （二）组织制定**并实施**本单位安

续表

2014 年《安全生产法》	2021 年《安全生产法》
（三）组织制定并实施本单位安全生产教育和培训计划； （四）保证本单位安全生产投入的有效实施； （五）督促、检查本单位的安全生产工作，及时消除生产安全事故隐患； （六）组织制定并实施本单位的生产安全事故应急救援预案； （七）及时、如实报告生产安全事故。	全生产规章制度和操作规程； （三）组织制定并实施本单位安全生产教育和培训计划； （四）保证本单位安全生产投入的有效实施； （五）**组织建立并落实安全风险分级管控和隐患排查治理双重预防工作机制**，督促、检查本单位的安全生产工作，及时消除生产安全事故隐患； （六）组织制定并实施本单位的生产安全事故应急救援预案； （七）及时、如实报告生产安全事故。
第十九条　生产经营单位的安全生产责任制应当明确各岗位的责任人员、责任范围和考核标准等内容。 生产经营单位应当建立相应的机制，加强对安全生产责任制落实情况的监督考核，保证安全生产责任制的落实。	**第二十二条**　生产经营单位的**全员**安全生产责任制应当明确各岗位的责任人员、责任范围和考核标准等内容。 生产经营单位应当建立相应的机制，加强对**全员**安全生产责任制落实情况的监督考核，保证**全员**安全生产责任制的落实。
第二十条　生产经营单位应当具备的安全生产条件所必需的资金投入，由生产经营单位的决策机构、主要负责人或者个人经营的投资人予以保证，并对由于安全生产所必需的资金投入不足导致的后果承担责任。 有关生产经营单位应当按照规定提取和使用安全生产费用，专门用于改善安全生产条件。安全生产费用在成本中据实列支。安全生产费	**第二十三条**　生产经营单位应当具备的安全生产条件所必需的资金投入，由生产经营单位的决策机构、主要负责人或者个人经营的投资人予以保证，并对由于安全生产所必需的资金投入不足导致的后果承担责任。 有关生产经营单位应当按照规定提取和使用安全生产费用，专门用于改善安全生产条件。安全生产费用在成本中据实列支。安全生产费

续表

2014 年《安全生产法》	2021 年《安全生产法》
用提取、使用和监督管理的具体办法由国务院财政部门会同国务院~~安全生产监督~~管理部门征求国务院有关部门意见后制定。	用提取、使用和监督管理的具体办法由国务院财政部门会同国务院**应急**管理部门征求国务院有关部门意见后制定。
第二十一条 矿山、金属冶炼、建筑施工、~~道路~~运输单位和危险物品的生产、经营、储存单位，应当设置安全生产管理机构或者配备专职安全生产管理人员。 前款规定以外的其他生产经营单位，从业人员超过一百人的，应当设置安全生产管理机构或者配备专职安全生产管理人员；从业人员在一百人以下的，应当配备专职或者兼职的安全生产管理人员。	**第二十四条** 矿山、金属冶炼、建筑施工、运输单位和危险物品的生产、经营、储存、**装卸**单位，应当设置安全生产管理机构或者配备专职安全生产管理人员。 前款规定以外的其他生产经营单位，从业人员超过一百人的，应当设置安全生产管理机构或者配备专职安全生产管理人员；从业人员在一百人以下的，应当配备专职或者兼职的安全生产管理人员。
第二十二条 生产经营单位的安全生产管理机构以及安全生产管理人员履行下列职责： （一）组织或者参与拟订本单位安全生产规章制度、操作规程和生产安全事故应急救援预案； （二）组织或者参与本单位安全生产教育和培训，如实记录安全生产教育和培训情况； （三）督促落实本单位重大危险源的安全管理措施； （四）组织或者参与本单位应急救援演练； （五）检查本单位的安全生产状况，及时排查生产安全事故隐患，提出改进安全生产管理的建议； （六）制止和纠正违章指挥、强令冒险作业、违反操作规程的行为；	**第二十五条** 生产经营单位的安全生产管理机构以及安全生产管理人员履行下列职责： （一）组织或者参与拟订本单位安全生产规章制度、操作规程和生产安全事故应急救援预案； （二）组织或者参与本单位安全生产教育和培训，如实记录安全生产教育和培训情况； （三）**组织开展危险源辨识和评估**，督促落实本单位重大危险源的安全管理措施； （四）组织或者参与本单位应急救援演练； （五）检查本单位的安全生产状况，及时排查生产安全事故隐患，提出改进安全生产管理的建议； （六）制止和纠正违章指挥、强令

续表

2014年《安全生产法》	2021年《安全生产法》
（七）督促落实本单位安全生产整改措施。	冒险作业、违反操作规程的行为； （七）督促落实本单位安全生产整改措施。 **生产经营单位可以设置专职安全生产分管负责人，协助本单位主要负责人履行安全生产管理职责。**
第二十三条　生产经营单位的安全生产管理机构以及安全生产管理人员应当恪尽职守，依法履行职责。 生产经营单位作出涉及安全生产的经营决策，应当听取安全生产管理机构以及安全生产管理人员的意见。 生产经营单位不得因安全生产管理人员依法履行职责而降低其工资、福利等待遇或者解除与其订立的劳动合同。 危险物品的生产、储存单位以及矿山、金属冶炼单位的安全生产管理人员的任免，应当告知主管的负有安全生产监督管理职责的部门。	**第二十六条**　生产经营单位的安全生产管理机构以及安全生产管理人员应当恪尽职守，依法履行职责。 生产经营单位作出涉及安全生产的经营决策，应当听取安全生产管理机构以及安全生产管理人员的意见。 生产经营单位不得因安全生产管理人员依法履行职责而降低其工资、福利等待遇或者解除与其订立的劳动合同。 危险物品的生产、储存单位以及矿山、金属冶炼单位的安全生产管理人员的任免，应当告知主管的负有安全生产监督管理职责的部门。
第二十四条　生产经营单位的主要负责人和安全生产管理人员必须具备与本单位所从事的生产经营活动相应的安全生产知识和管理能力。 危险物品的生产、经营、储存单位以及矿山、金属冶炼、建筑施工、道路运输单位的主要负责人和安全生产管理人员，应当由主管的负有安全生产监督管理职责的部门对其安全生产知识和管理能力考核合格。考核不得收费。	**第二十七条**　生产经营单位的主要负责人和安全生产管理人员必须具备与本单位所从事的生产经营活动相应的安全生产知识和管理能力。 危险物品的生产、经营、储存、**装卸**单位以及矿山、金属冶炼、建筑施工、运输单位的主要负责人和安全生产管理人员，应当由主管的负有安全生产监督管理职责的部门对其安全生产知识和管理能力考核合格。考核不得收费。

续表

2014年《安全生产法》	2021年《安全生产法》
危险物品的生产、储存单位以及矿山、金属冶炼单位应当有注册安全工程师从事安全生产管理工作。鼓励其他生产经营单位聘用注册安全工程师从事安全生产管理工作。注册安全工程师按专业分类管理，具体办法由国务院人力资源和社会保障部门、国务院~~安全生产监督~~管理部门会同国务院有关部门制定。	危险物品的生产、储存、**装卸**单位以及矿山、金属冶炼单位应当有注册安全工程师从事安全生产管理工作。鼓励其他生产经营单位聘用注册安全工程师从事安全生产管理工作。注册安全工程师按专业分类管理，具体办法由国务院人力资源和社会保障部门、国务院**应急**管理部门会同国务院有关部门制定。
第二十五条 生产经营单位应当对从业人员进行安全生产教育和培训，保证从业人员具备必要的安全生产知识，熟悉有关的安全生产规章制度和安全操作规程，掌握本岗位的安全操作技能，了解事故应急处理措施，知悉自身在安全生产方面的权利和义务。未经安全生产教育和培训合格的从业人员，不得上岗作业。 生产经营单位使用被派遣劳动者的，应当将被派遣劳动者纳入本单位从业人员统一管理，对被派遣劳动者进行岗位安全操作规程和安全操作技能的教育和培训。劳务派遣单位应当对被派遣劳动者进行必要的安全生产教育和培训。 生产经营单位接收中等职业学校、高等学校学生实习的，应当对实习学生进行相应的安全生产教育和培训，提供必要的劳动防护用品。学校应当协助生产经营单位对实习学生进行安全生产教育和培训。 生产经营单位应当建立安全生产教育和培训档案，如实记录安全生	**第二十八条** 生产经营单位应当对从业人员进行安全生产教育和培训，保证从业人员具备必要的安全生产知识，熟悉有关的安全生产规章制度和安全操作规程，掌握本岗位的安全操作技能，了解事故应急处理措施，知悉自身在安全生产方面的权利和义务。未经安全生产教育和培训合格的从业人员，不得上岗作业。 生产经营单位使用被派遣劳动者的，应当将被派遣劳动者纳入本单位从业人员统一管理，对被派遣劳动者进行岗位安全操作规程和安全操作技能的教育和培训。劳务派遣单位应当对被派遣劳动者进行必要的安全生产教育和培训。 生产经营单位接收中等职业学校、高等学校学生实习的，应当对实习学生进行相应的安全生产教育和培训，提供必要的劳动防护用品。学校应当协助生产经营单位对实习学生进行安全生产教育和培训。 生产经营单位应当建立安全生产教育和培训档案，如实记录安全生

续表

2014年《安全生产法》	2021年《安全生产法》
产教育和培训的时间、内容、参加人员以及考核结果等情况。	产教育和培训的时间、内容、参加人员以及考核结果等情况。
第二十六条 生产经营单位采用新工艺、新技术、新材料或者使用新设备，必须了解、掌握其安全技术特性，采取有效的安全防护措施，并对从业人员进行专门的安全生产教育和培训。	**第二十九条** 生产经营单位采用新工艺、新技术、新材料或者使用新设备，必须了解、掌握其安全技术特性，采取有效的安全防护措施，并对从业人员进行专门的安全生产教育和培训。
第二十七条 生产经营单位的特种作业人员必须按照国家有关规定经专门的安全作业培训，取得相应资格，方可上岗作业。 特种作业人员的范围由国务院~~安全生产监督~~管理部门会同国务院有关部门确定。	**第三十条** 生产经营单位的特种作业人员必须按照国家有关规定经专门的安全作业培训，取得相应资格，方可上岗作业。 特种作业人员的范围由国务院**应急**管理部门会同国务院有关部门确定。
第二十八条 生产经营单位新建、改建、扩建工程项目（以下统称建设项目）的安全设施，必须与主体工程同时设计、同时施工、同时投入生产和使用。安全设施投资应当纳入建设项目概算。	**第三十一条** 生产经营单位新建、改建、扩建工程项目（以下统称建设项目）的安全设施，必须与主体工程同时设计、同时施工、同时投入生产和使用。安全设施投资应当纳入建设项目概算。
第二十九条 矿山、金属冶炼建设项目和用于生产、储存、装卸危险物品的建设项目，应当按照国家有关规定进行安全评价。	**第三十二条** 矿山、金属冶炼建设项目和用于生产、储存、装卸危险物品的建设项目，应当按照国家有关规定进行安全评价。
第三十条 建设项目安全设施的设计人、设计单位应当对安全设施设计负责。 矿山、金属冶炼建设项目和用于生产、储存、装卸危险物品的建设项目的安全设施设计应当按照国家有	**第三十三条** 建设项目安全设施的设计人、设计单位应当对安全设施设计负责。 矿山、金属冶炼建设项目和用于生产、储存、装卸危险物品的建设项目的安全设施设计应当按照国家有

续表

2014 年《安全生产法》	2021 年《安全生产法》
关规定报经有关部门审查,审查部门及其负责审查的人员对审查结果负责。	关规定报经有关部门审查,审查部门及其负责审查的人员对审查结果负责。
第三十一条 矿山、金属冶炼建设项目和用于生产、储存、装卸危险物品的建设项目的施工单位必须按照批准的安全设施设计施工,并对安全设施的工程质量负责。 矿山、金属冶炼建设项目和用于生产、储存危险物品的建设项目竣工投入生产或者使用前,应当由建设单位负责组织对安全设施进行验收;验收合格后,方可投入生产和使用。安全生产监督管理部门应当加强对建设单位验收活动和验收结果的监督核查。	**第三十四条** 矿山、金属冶炼建设项目和用于生产、储存、装卸危险物品的建设项目的施工单位必须按照批准的安全设施设计施工,并对安全设施的工程质量负责。 矿山、金属冶炼建设项目和用于生产、储存、**装卸**危险物品的建设项目竣工投入生产或者使用前,应当由建设单位负责组织对安全设施进行验收;验收合格后,方可投入生产和使用。**负有**安全生产监督管理**职责的**部门应当加强对建设单位验收活动和验收结果的监督核查。
第三十二条 生产经营单位应当在有较大危险因素的生产经营场所和有关设施、设备上,设置明显的安全警示标志。	**第三十五条** 生产经营单位应当在有较大危险因素的生产经营场所和有关设施、设备上,设置明显的安全警示标志。
第三十三条 安全设备的设计、制造、安装、使用、检测、维修、改造和报废,应当符合国家标准或者行业标准。 生产经营单位必须对安全设备进行经常性维护、保养,并定期检测,保证正常运转。维护、保养、检测应当作好记录,并由有关人员签字。	**第三十六条** 安全设备的设计、制造、安装、使用、检测、维修、改造和报废,应当符合国家标准或者行业标准。 生产经营单位必须对安全设备进行经常性维护、保养,并定期检测,保证正常运转。维护、保养、检测应当作好记录,并由有关人员签字。 **生产经营单位不得关闭、破坏直接关系生产安全的监控、报警、防护、救生设备、设施,或者篡改、隐瞒、销毁其相关数据、信息。**

续表

2014 年《安全生产法》	2021 年《安全生产法》
	餐饮等行业的生产经营单位使用燃气的，应当安装可燃气体报警装置，并保障其正常使用。
第三十四条　生产经营单位使用的危险物品的容器、运输工具，以及涉及人身安全、危险性较大的海洋石油开采特种设备和矿山井下特种设备，必须按照国家有关规定，由专业生产单位生产，并经具有专业资质的检测、检验机构检测、检验合格，取得安全使用证或者安全标志，方可投入使用。检测、检验机构对检测、检验结果负责。	**第三十七条**　生产经营单位使用的危险物品的容器、运输工具，以及涉及人身安全、危险性较大的海洋石油开采特种设备和矿山井下特种设备，必须按照国家有关规定，由专业生产单位生产，并经具有专业资质的检测、检验机构检测、检验合格，取得安全使用证或者安全标志，方可投入使用。检测、检验机构对检测、检验结果负责。
第三十五条　国家对严重危及生产安全的工艺、设备实行淘汰制度，具体目录由国务院~~安全生产监督~~管理部门会同国务院有关部门制定并公布。法律、行政法规对目录的制定另有规定的，适用其规定。 省、自治区、直辖市人民政府可以根据本地区实际情况制定并公布具体目录，对前款规定以外的危及生产安全的工艺、设备予以淘汰。 生产经营单位不得使用应当淘汰的危及生产安全的工艺、设备。	**第三十八条**　国家对严重危及生产安全的工艺、设备实行淘汰制度，具体目录由国务院**应急**管理部门会同国务院有关部门制定并公布。法律、行政法规对目录的制定另有规定的，适用其规定。 省、自治区、直辖市人民政府可以根据本地区实际情况制定并公布具体目录，对前款规定以外的危及生产安全的工艺、设备予以淘汰。 生产经营单位不得使用应当淘汰的危及生产安全的工艺、设备。
第三十六条　生产、经营、运输、储存、使用危险物品或者处置废弃危险物品的，由有关主管部门依照有关法律、法规的规定和国家标准或者行业标准审批并实施监督管理。 生产经营单位生产、经营、运输、储存、使用危险物品或者处置废弃危	**第三十九条**　生产、经营、运输、储存、使用危险物品或者处置废弃危险物品的，由有关主管部门依照有关法律、法规的规定和国家标准或者行业标准审批并实施监督管理。 生产经营单位生产、经营、运输、储存、使用危险物品或者处置废弃危

续表

2014 年《安全生产法》	2021 年《安全生产法》
险物品，必须执行有关法律、法规和国家标准或者行业标准，建立专门的安全管理制度，采取可靠的安全措施，接受有关主管部门依法实施的监督管理。	险物品，必须执行有关法律、法规和国家标准或者行业标准，建立专门的安全管理制度，采取可靠的安全措施，接受有关主管部门依法实施的监督管理。
第三十七条 生产经营单位对重大危险源应当登记建档，进行定期检测、评估、监控，并制定应急预案，告知从业人员和相关人员在紧急情况下应当采取的应急措施。 生产经营单位应当按照国家有关规定将本单位重大危险源及有关安全措施、应急措施报有关地方人民政府安全生产监督管理部门和有关部门备案。	**第四十条** 生产经营单位对重大危险源应当登记建档，进行定期检测、评估、监控，并制定应急预案，告知从业人员和相关人员在紧急情况下应当采取的应急措施。 生产经营单位应当按照国家有关规定将本单位重大危险源及有关安全措施、应急措施报有关地方人民政府**应急**管理部门和有关部门备案。**有关地方人民政府应急管理部门和有关部门应当通过相关信息系统实现信息共享。**
第三十八条 生产经营单位应当建立健全生产安全事故隐患排查治理制度，采取技术、管理措施，及时发现并消除事故隐患。事故隐患排查治理情况应当如实记录，并向从业人员通报。 县级以上地方各级人民政府负有安全生产监督管理职责的部门应当建立健全重大事故隐患治理督办制度，督促生产经营单位消除重大事故隐患。	**第四十一条 生产经营单位应当建立安全风险分级管控制度，按照安全风险分级采取相应的管控措施。** 生产经营单位应当建立健全**并落实**生产安全事故隐患排查治理制度，采取技术、管理措施，及时发现并消除事故隐患。事故隐患排查治理情况应当如实记录，并**通过职工大会或者职工代表大会、信息公示栏等方式**向从业人员通报。**其中，重大事故隐患排查治理情况应当及时向负有安全生产监督管理职责的部门和职工大会或者职工代表大会报告。** 县级以上地方各级人民政府负有安全生产监督管理职责的部门应当**将重大事故隐患纳入相关信息系统，**

续表

2014 年《安全生产法》	2021 年《安全生产法》
	建立健全重大事故隐患治理督办制度，督促生产经营单位消除重大事故隐患。
第三十九条　生产、经营、储存、使用危险物品的车间、商店、仓库不得与员工宿舍在同一座建筑物内，并应当与员工宿舍保持安全距离。 生产经营场所和员工宿舍应当设有符合紧急疏散要求、标志明显、保持畅通的出口。禁止锁闭、封堵生产经营场所或者员工宿舍的出口。	**第四十二条**　生产、经营、储存、使用危险物品的车间、商店、仓库不得与员工宿舍在同一座建筑物内，并应当与员工宿舍保持安全距离。 生产经营场所和员工宿舍应当设有符合紧急疏散要求、标志明显、保持畅通的出口、**疏散通道**。禁止**占用**、锁闭、封堵生产经营场所或者员工宿舍的出口、**疏散通道**。
第四十条　生产经营单位进行爆破、吊装以及国务院~~安全生产监督~~管理部门会同国务院有关部门规定的其他危险作业，应当安排专门人员进行现场安全管理，确保操作规程的遵守和安全措施的落实。	**第四十三条**　生产经营单位进行爆破、吊装、**动火**、**临时用电**以及国务院**应急**管理部门会同国务院有关部门规定的其他危险作业，应当安排专门人员进行现场安全管理，确保操作规程的遵守和安全措施的落实。
第四十一条　生产经营单位应当教育和督促从业人员严格执行本单位的安全生产规章制度和安全操作规程；并向从业人员如实告知作业场所和工作岗位存在的危险因素、防范措施以及事故应急措施。	**第四十四条**　生产经营单位应当教育和督促从业人员严格执行本单位的安全生产规章制度和安全操作规程；并向从业人员如实告知作业场所和工作岗位存在的危险因素、防范措施以及事故应急措施。 **生产经营单位应当关注从业人员的身体、心理状况和行为习惯，加强对从业人员的心理疏导、精神慰藉，严格落实岗位安全生产责任，防范从业人员行为异常导致事故发生。**
第四十二条　生产经营单位必须为从业人员提供符合国家标准或者行业标准的劳动防护用品，并监督、	**第四十五条**　生产经营单位必须为从业人员提供符合国家标准或者行业标准的劳动防护用品，并监督、

续表

2014 年《安全生产法》	2021 年《安全生产法》
教育从业人员按照使用规则佩戴、使用。	教育从业人员按照使用规则佩戴、使用。
第四十三条 生产经营单位的安全生产管理人员应当根据本单位的生产经营特点，对安全生产状况进行经常性检查；对检查中发现的安全问题，应当立即处理；不能处理的，应当及时报告本单位有关负责人，有关负责人应当及时处理。检查及处理情况应当如实记录在案。 生产经营单位的安全生产管理人员在检查中发现重大事故隐患，依照前款规定向本单位有关负责人报告，有关负责人不及时处理的，安全生产管理人员可以向主管的负有安全生产监督管理职责的部门报告，接到报告的部门应当依法及时处理。	**第四十六条** 生产经营单位的安全生产管理人员应当根据本单位的生产经营特点，对安全生产状况进行经常性检查；对检查中发现的安全问题，应当立即处理；不能处理的，应当及时报告本单位有关负责人，有关负责人应当及时处理。检查及处理情况应当如实记录在案。 生产经营单位的安全生产管理人员在检查中发现重大事故隐患，依照前款规定向本单位有关负责人报告，有关负责人不及时处理的，安全生产管理人员可以向主管的负有安全生产监督管理职责的部门报告，接到报告的部门应当依法及时处理。
第四十四条 生产经营单位应当安排用于配备劳动防护用品、进行安全生产培训的经费。	**第四十七条** 生产经营单位应当安排用于配备劳动防护用品、进行安全生产培训的经费。
第四十五条 两个以上生产经营单位在同一作业区域内进行生产经营活动，可能危及对方生产安全的，应当签订安全生产管理协议，明确各自的安全生产管理职责和应当采取的安全措施，并指定专职安全生产管理人员进行安全检查与协调。	**第四十八条** 两个以上生产经营单位在同一作业区域内进行生产经营活动，可能危及对方生产安全的，应当签订安全生产管理协议，明确各自的安全生产管理职责和应当采取的安全措施，并指定专职安全生产管理人员进行安全检查与协调。
第四十六条 生产经营单位不得将生产经营项目、场所、设备发包或者出租给不具备安全生产条件或者相应资质的单位或者个人。	**第四十九条** 生产经营单位不得将生产经营项目、场所、设备发包或者出租给不具备安全生产条件或者相应资质的单位或者个人。

续表

2014 年《安全生产法》	2021 年《安全生产法》
生产经营项目、场所发包或者出租给其他单位的，生产经营单位应当与承包单位、承租单位签订专门的安全生产管理协议，或者在承包合同、租赁合同中约定各自的安全生产管理职责；生产经营单位对承包单位、承租单位的安全生产工作统一协调、管理，定期进行安全检查，发现安全问题的，应当及时督促整改。	生产经营项目、场所发包或者出租给其他单位的，生产经营单位应当与承包单位、承租单位签订专门的安全生产管理协议，或者在承包合同、租赁合同中约定各自的安全生产管理职责；生产经营单位对承包单位、承租单位的安全生产工作统一协调、管理，定期进行安全检查，发现安全问题的，应当及时督促整改。 **矿山、金属冶炼建设项目和用于生产、储存、装卸危险物品的建设项目的施工单位应当加强对施工项目的安全管理，不得倒卖、出租、出借、挂靠或者以其他形式非法转让施工资质，不得将其承包的全部建设工程转包给第三人或者将其承包的全部建设工程支解以后以分包的名义分别转包给第三人，不得将工程分包给不具备相应资质条件的单位。**
第四十七条　生产经营单位发生生产安全事故时，单位的主要负责人应当立即组织抢救，并不得在事故调查处理期间擅离职守。	**第五十条**　生产经营单位发生生产安全事故时，单位的主要负责人应当立即组织抢救，并不得在事故调查处理期间擅离职守。
第四十八条　生产经营单位必须依法参加工伤保险，为从业人员缴纳保险费。 国家鼓励生产经营单位投保安全生产责任保险。	**第五十一条**　生产经营单位必须依法参加工伤保险，为从业人员缴纳保险费。 国家鼓励生产经营单位投保安全生产责任保险；**属于国家规定的高危行业、领域的生产经营单位，应当投保安全生产责任保险。具体范围和实施办法由国务院应急管理部门会同国务院财政部门、国务院保险监督管理机构和相关行业主管部门制定。**

续表

2014 年《安全生产法》	2021 年《安全生产法》
第三章　从业人员的安全生产权利义务	**第三章　从业人员的安全生产权利义务**
第四十九条　生产经营单位与从业人员订立的劳动合同，应当载明有关保障从业人员劳动安全、防止职业危害的事项，以及依法为从业人员办理工伤保险的事项。 生产经营单位不得以任何形式与从业人员订立协议，免除或者减轻其对从业人员因生产安全事故伤亡依法应承担的责任。	**第五十二条**　生产经营单位与从业人员订立的劳动合同，应当载明有关保障从业人员劳动安全、防止职业危害的事项，以及依法为从业人员办理工伤保险的事项。 生产经营单位不得以任何形式与从业人员订立协议，免除或者减轻其对从业人员因生产安全事故伤亡依法应承担的责任。
第五十条　生产经营单位的从业人员有权了解其作业场所和工作岗位存在的危险因素、防范措施及事故应急措施，有权对本单位的安全生产工作提出建议。	**第五十三条**　生产经营单位的从业人员有权了解其作业场所和工作岗位存在的危险因素、防范措施及事故应急措施，有权对本单位的安全生产工作提出建议。
第五十一条　从业人员有权对本单位安全生产工作中存在的问题提出批评、检举、控告；有权拒绝违章指挥和强令冒险作业。 生产经营单位不得因从业人员对本单位安全生产工作提出批评、检举、控告或者拒绝违章指挥、强令冒险作业而降低其工资、福利等待遇或者解除与其订立的劳动合同。	**第五十四条**　从业人员有权对本单位安全生产工作中存在的问题提出批评、检举、控告；有权拒绝违章指挥和强令冒险作业。 生产经营单位不得因从业人员对本单位安全生产工作提出批评、检举、控告或者拒绝违章指挥、强令冒险作业而降低其工资、福利等待遇或者解除与其订立的劳动合同。
第五十二条　从业人员发现直接危及人身安全的紧急情况时，有权停止作业或者在采取可能的应急措施后撤离作业场所。 生产经营单位不得因从业人员在前款紧急情况下停止作业或者采取紧急撤离措施而降低其工资、福利	**第五十五条**　从业人员发现直接危及人身安全的紧急情况时，有权停止作业或者在采取可能的应急措施后撤离作业场所。 生产经营单位不得因从业人员在前款紧急情况下停止作业或者采取紧急撤离措施而降低其工资、福利

续表

2014 年《安全生产法》	2021 年《安全生产法》
等待遇或者解除与其订立的劳动合同。	等待遇或者解除与其订立的劳动合同。
第五十三条　因生产安全事故受到损害的从业人员，除依法享有工伤保险外，依照有关民事法律尚有获得赔偿的权利的，有权~~向本单位~~提出赔偿要求。	**第五十六条　生产经营单位发生生产安全事故后，应当及时采取措施救治有关人员。** 因生产安全事故受到损害的从业人员，除依法享有工伤保险外，依照有关民事法律尚有获得赔偿的权利的，有权提出赔偿要求。
第五十四条　从业人员在作业过程中，应当严格遵守本单位的安全生产规章制度和操作规程，服从管理，正确佩戴和使用劳动防护用品。	**第五十七条**　从业人员在作业过程中，应当严格**落实岗位安全责任**，遵守本单位的安全生产规章制度和操作规程，服从管理，正确佩戴和使用劳动防护用品。
第五十五条　从业人员应当接受安全生产教育和培训，掌握本职工作所需的安全生产知识，提高安全生产技能，增强事故预防和应急处理能力。	**第五十八条**　从业人员应当接受安全生产教育和培训，掌握本职工作所需的安全生产知识，提高安全生产技能，增强事故预防和应急处理能力。
第五十六条　从业人员发现事故隐患或者其他不安全因素，应当立即向现场安全生产管理人员或者本单位负责人报告；接到报告的人员应当及时予以处理。	**第五十九条**　从业人员发现事故隐患或者其他不安全因素，应当立即向现场安全生产管理人员或者本单位负责人报告；接到报告的人员应当及时予以处理。
第五十七条　工会有权对建设项目的安全设施与主体工程同时设计、同时施工、同时投入生产和使用进行监督，提出意见。 工会对生产经营单位违反安全生产法律、法规，侵犯从业人员合法权益的行为，有权要求纠正；发现生	**第六十条**　工会有权对建设项目的安全设施与主体工程同时设计、同时施工、同时投入生产和使用进行监督，提出意见。 工会对生产经营单位违反安全生产法律、法规，侵犯从业人员合法权益的行为，有权要求纠正；发现生

续表

2014 年《安全生产法》	2021 年《安全生产法》
产经营单位违章指挥、强令冒险作业或者发现事故隐患时，有权提出解决的建议，生产经营单位应当及时研究答复；发现危及从业人员生命安全的情况时，有权向生产经营单位建议组织从业人员撤离危险场所，生产经营单位必须立即作出处理。 工会有权依法参加事故调查，向有关部门提出处理意见，并要求追究有关人员的责任。	产经营单位违章指挥、强令冒险作业或者发现事故隐患时，有权提出解决的建议，生产经营单位应当及时研究答复；发现危及从业人员生命安全的情况时，有权向生产经营单位建议组织从业人员撤离危险场所，生产经营单位必须立即作出处理。 工会有权依法参加事故调查，向有关部门提出处理意见，并要求追究有关人员的责任。
第五十八条　生产经营单位使用被派遣劳动者的，被派遣劳动者享有本法规定的从业人员的权利，并应当履行本法规定的从业人员的义务。	**第六十一条**　生产经营单位使用被派遣劳动者的，被派遣劳动者享有本法规定的从业人员的权利，并应当履行本法规定的从业人员的义务。
第四章　安全生产的监督管理	**第四章　安全生产的监督管理**
第五十九条　县级以上地方各级人民政府应当根据本行政区域内的安全生产状况，组织有关部门按照职责分工，对本行政区域内容易发生重大生产安全事故的生产经营单位进行严格检查。 ~~安全生产监督~~管理部门应当按照分类分级监督管理的要求，制定安全生产年度监督检查计划，并按照年度监督检查计划进行监督检查，发现事故隐患，应当及时处理。	**第六十二条**　县级以上地方各级人民政府应当根据本行政区域内的安全生产状况，组织有关部门按照职责分工，对本行政区域内容易发生重大生产安全事故的生产经营单位进行严格检查。 **应急**管理部门应当按照分类分级监督管理的要求，制定安全生产年度监督检查计划，并按照年度监督检查计划进行监督检查，发现事故隐患，应当及时处理。
第六十条　负有安全生产监督管理职责的部门依照有关法律、法规的规定，对涉及安全生产的事项需要审查批准（包括批准、核准、许可、注册、认证、颁发证照等，下同）或者验收的，必须严格依照有关法律、法规	**第六十三条**　负有安全生产监督管理职责的部门依照有关法律、法规的规定，对涉及安全生产的事项需要审查批准（包括批准、核准、许可、注册、认证、颁发证照等，下同）或者验收的，必须严格依照有关法律、法

续表

2014 年《安全生产法》	2021 年《安全生产法》
和国家标准或者行业标准规定的安全生产条件和程序进行审查；不符合有关法律、法规和国家标准或者行业标准规定的安全生产条件的，不得批准或者验收通过。对未依法取得批准或者验收合格的单位擅自从事有关活动的，负责行政审批的部门发现或者接到举报后应当立即予以取缔，并依法予以处理。对已经依法取得批准的单位，负责行政审批的部门发现其不再具备安全生产条件的，应当撤销原批准。	规和国家标准或者行业标准规定的安全生产条件和程序进行审查；不符合有关法律、法规和国家标准或者行业标准规定的安全生产条件的，不得批准或者验收通过。对未依法取得批准或者验收合格的单位擅自从事有关活动的，负责行政审批的部门发现或者接到举报后应当立即予以取缔，并依法予以处理。对已经依法取得批准的单位，负责行政审批的部门发现其不再具备安全生产条件的，应当撤销原批准。
第六十一条　负有安全生产监督管理职责的部门对涉及安全生产的事项进行审查、验收，不得收取费用；不得要求接受审查、验收的单位购买其指定品牌或者指定生产、销售单位的安全设备、器材或者其他产品。	**第六十四条**　负有安全生产监督管理职责的部门对涉及安全生产的事项进行审查、验收，不得收取费用；不得要求接受审查、验收的单位购买其指定品牌或者指定生产、销售单位的安全设备、器材或者其他产品。
第六十二条　~~安全生产监督~~管理部门和其他负有安全生产监督管理职责的部门依法开展安全生产行政执法工作，对生产经营单位执行有关安全生产的法律、法规和国家标准或者行业标准的情况进行监督检查，行使以下职权： （一）进入生产经营单位进行检查，调阅有关资料，向有关单位和人员了解情况； （二）对检查中发现的安全生产违法行为，当场予以纠正或者要求限期改正；对依法应当给予行政处罚的行为，依照本法和其他有关法律、行政法规的规定作出行政处罚决定；	**第六十五条**　**应急**管理部门和其他负有安全生产监督管理职责的部门依法开展安全生产行政执法工作，对生产经营单位执行有关安全生产的法律、法规和国家标准或者行业标准的情况进行监督检查，行使以下职权： （一）进入生产经营单位进行检查，调阅有关资料，向有关单位和人员了解情况； （二）对检查中发现的安全生产违法行为，当场予以纠正或者要求限期改正；对依法应当给予行政处罚的行为，依照本法和其他有关法律、行政法规的规定作出行政处罚决定；

续表

2014年《安全生产法》	2021年《安全生产法》
（三）对检查中发现的事故隐患，应当责令立即排除；重大事故隐患排除前或者排除过程中无法保证安全的，应当责令从危险区域内撤出作业人员，责令暂时停产停业或者停止使用相关设施、设备；重大事故隐患排除后，经审查同意，方可恢复生产经营和使用； （四）对有根据认为不符合保障安全生产的国家标准或者行业标准的设施、设备、器材以及违法生产、储存、使用、经营、运输的危险物品予以查封或者扣押，对违法生产、储存、使用、经营危险物品的作业场所予以查封，并依法作出处理决定。 监督检查不得影响被检查单位的正常生产经营活动。	（三）对检查中发现的事故隐患，应当责令立即排除；重大事故隐患排除前或者排除过程中无法保证安全的，应当责令从危险区域内撤出作业人员，责令暂时停产停业或者停止使用相关设施、设备；重大事故隐患排除后，经审查同意，方可恢复生产经营和使用； （四）对有根据认为不符合保障安全生产的国家标准或者行业标准的设施、设备、器材以及违法生产、储存、使用、经营、运输的危险物品予以查封或者扣押，对违法生产、储存、使用、经营危险物品的作业场所予以查封，并依法作出处理决定。 监督检查不得影响被检查单位的正常生产经营活动。
第六十三条 生产经营单位对负有安全生产监督管理职责的部门的监督检查人员（以下统称安全生产监督检查人员）依法履行监督检查职责，应当予以配合，不得拒绝、阻挠。	**第六十六条** 生产经营单位对负有安全生产监督管理职责的部门的监督检查人员（以下统称安全生产监督检查人员）依法履行监督检查职责，应当予以配合，不得拒绝、阻挠。
第六十四条 安全生产监督检查人员应当忠于职守，坚持原则，秉公执法。 安全生产监督检查人员执行监督检查任务时，必须出示有效的监督执法证件；对涉及被检查单位的技术秘密和业务秘密，应当为其保密。	**第六十七条** 安全生产监督检查人员应当忠于职守，坚持原则，秉公执法。 安全生产监督检查人员执行监督检查任务时，必须出示有效的**行政**执法证件；对涉及被检查单位的技术秘密和业务秘密，应当为其保密。
第六十五条 安全生产监督检查人员应当将检查的时间、地点、内容、发现的问题及其处理情况，作出书	**第六十八条** 安全生产监督检查人员应当将检查的时间、地点、内容、发现的问题及其处理情况，作出书

续表

2014 年《安全生产法》	2021 年《安全生产法》
面记录,并由检查人员和被检查单位的负责人签字;被检查单位的负责人拒绝签字的,检查人员应当将情况记录在案,并向负有安全生产监督管理职责的部门报告。	面记录,并由检查人员和被检查单位的负责人签字;被检查单位的负责人拒绝签字的,检查人员应当将情况记录在案,并向负有安全生产监督管理职责的部门报告。
第六十六条 负有安全生产监督管理职责的部门在监督检查中,应当互相配合,实行联合检查;确需分别进行检查的,应当互通情况,发现存在的安全问题应当由其他有关部门进行处理的,应当及时移送其他有关部门并形成记录备查,接受移送的部门应当及时进行处理。	**第六十九条** 负有安全生产监督管理职责的部门在监督检查中,应当互相配合,实行联合检查;确需分别进行检查的,应当互通情况,发现存在的安全问题应当由其他有关部门进行处理的,应当及时移送其他有关部门并形成记录备查,接受移送的部门应当及时进行处理。
第六十七条 负有安全生产监督管理职责的部门依法对存在重大事故隐患的生产经营单位作出停产停业、停止施工、停止使用相关设施或者设备的决定,生产经营单位应当依法执行,及时消除事故隐患。生产经营单位拒不执行,有发生生产安全事故的现实危险的,在保证安全的前提下,经本部门主要负责人批准,负有安全生产监督管理职责的部门可以采取通知有关单位停止供电、停止供应民用爆炸物品等措施,强制生产经营单位履行决定。通知应当采用书面形式,有关单位应当予以配合。 负有安全生产监督管理职责的部门依照前款规定采取停止供电措施,除有危及生产安全的紧急情形外,应当提前二十四小时通知生产经营单位。生产经营单位依法履行行政决定、采取相应措施消除事故隐患	**第七十条** 负有安全生产监督管理职责的部门依法对存在重大事故隐患的生产经营单位作出停产停业、停止施工、停止使用相关设施或者设备的决定,生产经营单位应当依法执行,及时消除事故隐患。生产经营单位拒不执行,有发生生产安全事故的现实危险的,在保证安全的前提下,经本部门主要负责人批准,负有安全生产监督管理职责的部门可以采取通知有关单位停止供电、停止供应民用爆炸物品等措施,强制生产经营单位履行决定。通知应当采用书面形式,有关单位应当予以配合。 负有安全生产监督管理职责的部门依照前款规定采取停止供电措施,除有危及生产安全的紧急情形外,应当提前二十四小时通知生产经营单位。生产经营单位依法履行行政决定、采取相应措施消除事故隐患

续表

2014 年《安全生产法》	2021 年《安全生产法》
的,负有安全生产监督管理职责的部门应当及时解除前款规定的措施。	的,负有安全生产监督管理职责的部门应当及时解除前款规定的措施。
第六十八条 监察机关依照行政监察法的规定,对负有安全生产监督管理职责的部门及其工作人员履行安全生产监督管理职责实施监察。	**第七十一条** 监察机关依照监察法的规定,对负有安全生产监督管理职责的部门及其工作人员履行安全生产监督管理职责实施监察。
第六十九条 承担安全评价、认证、检测、检验的机构应当具备国家规定的资质条件,并对其作出的安全评价、认证、检测、检验的结果负责。	**第七十二条** 承担安全评价、认证、检测、检验**职责**的机构应当具备国家规定的资质条件,并对其作出的安全评价、认证、检测、检验结果**的合法性、真实性**负责。**资质条件由国务院应急管理部门会同国务院有关部门制定。** **承担安全评价、认证、检测、检验职责的机构应当建立并实施服务公开和报告公开制度,不得租借资质、挂靠、出具虚假报告。**
第七十条 负有安全生产监督管理职责的部门应当建立举报制度,公开举报电话、信箱或者电子邮件地址,受理有关安全生产的举报;受理的举报事项经调查核实后,应当形成书面材料;需要落实整改措施的,报经有关负责人签字并督促落实。	**第七十三条** 负有安全生产监督管理职责的部门应当建立举报制度,公开举报电话、信箱或者电子邮件地址**等网络举报平台**,受理有关安全生产的举报;受理的举报事项经调查核实后,应当形成书面材料;需要落实整改措施的,报经有关负责人签字并督促落实。**对不属于本部门职责,需要由其他有关部门进行调查处理的,转交其他有关部门处理。** **涉及人员死亡的举报事项,应当由县级以上人民政府组织核查处理。**
第七十一条 任何单位或者个人对事故隐患或者安全生产违法行为,均有权向负有安全生产监督管理	**第七十四条** 任何单位或者个人对事故隐患或者安全生产违法行为,均有权向负有安全生产监督管理

续表

2014 年《安全生产法》	2021 年《安全生产法》
职责的部门报告或者举报。	职责的部门报告或者举报。 **因安全生产违法行为造成重大事故隐患或者导致重大事故，致使国家利益或者社会公共利益受到侵害的，人民检察院可以根据民事诉讼法、行政诉讼法的相关规定提起公益诉讼。**
第七十二条　居民委员会、村民委员会发现其所在区域内的生产经营单位存在事故隐患或者安全生产违法行为时，应当向当地人民政府或者有关部门报告。	**第七十五条**　居民委员会、村民委员会发现其所在区域内的生产经营单位存在事故隐患或者安全生产违法行为时，应当向当地人民政府或者有关部门报告。
第七十三条　县级以上各级人民政府及其有关部门对报告重大事故隐患或者举报安全生产违法行为的有功人员，给予奖励。具体奖励办法由国务院~~安全生产监督~~管理部门会同国务院财政部门制定。	**第七十六条**　县级以上各级人民政府及其有关部门对报告重大事故隐患或者举报安全生产违法行为的有功人员，给予奖励。具体奖励办法由国务院**应急**管理部门会同国务院财政部门制定。
第七十四条　新闻、出版、广播、电影、电视等单位有进行安全生产公益宣传教育的义务，有对违反安全生产法律、法规的行为进行舆论监督的权利。	**第七十七条**　新闻、出版、广播、电影、电视等单位有进行安全生产公益宣传教育的义务，有对违反安全生产法律、法规的行为进行舆论监督的权利。
第七十五条　负有安全生产监督管理职责的部门应当建立安全生产违法行为信息库，如实记录生产经营单位的安全生产违法行为信息；对违法行为情节严重的生产经营单位，应当向社会公告，并通报行业主管部门、投资主管部门、国土资源主管部门、证券监督管理机构以及有关金融机构。	**第七十八条**　负有安全生产监督管理职责的部门应当建立安全生产违法行为信息库，如实记录生产经营单位**及其有关从业人员**的安全生产违法行为信息；对违法行为情节严重的生产经营单位**及其有关从业人员**，应当**及时**向社会公告，并通报行业主管部门、投资主管部门、**自然资源**主管部门、**生态环境主管部门**、证券

续表

2014 年《安全生产法》	2021 年《安全生产法》
	监督管理机构以及有关金融机构。**有关部门和机构应当对存在失信行为的生产经营单位及其有关从业人员采取加大执法检查频次、暂停项目审批、上调有关保险费率、行业或者职业禁入等联合惩戒措施，并向社会公示。** **负有安全生产监督管理职责的部门应当加强对生产经营单位行政处罚信息的及时归集、共享、应用和公开，对生产经营单位作出处罚决定后七个工作日内在监督管理部门公示系统予以公开曝光，强化对违法失信生产经营单位及其有关从业人员的社会监督，提高全社会安全生产诚信水平。**
第五章　生产安全事故的应急救援与调查处理	**第五章　生产安全事故的应急救援与调查处理**
第七十六条　国家加强生产安全事故应急能力建设，在重点行业、领域建立应急救援基地和应急救援队伍，鼓励生产经营单位和其他社会力量建立应急救援队伍，配备相应的应急救援装备和物资，提高应急救援的专业化水平。 国务院~~安全生产监督~~管理部门建立全国统一的生产安全事故应急救援信息系统，国务院有关部门建立健全相关行业、领域的生产安全事故应急救援信息系统。	**第七十九条**　国家加强生产安全事故应急能力建设，在重点行业、领域建立应急救援基地和应急救援队伍，**并由国家安全生产应急救援机构统一协调指挥**；鼓励生产经营单位和其他社会力量建立应急救援队伍，配备相应的应急救援装备和物资，提高应急救援的专业化水平。 国务院**应急**管理部门**牵头**建立全国统一的生产安全事故应急救援信息系统，国务院**交通运输、住房和城乡建设、水利、民航等**有关部门**和县级以上地方人民政府**建立健全相关行业、领域、**地区**的生产安全事故应急救援信息系统，**实现互联互通、**

续表

2014年《安全生产法》	2021年《安全生产法》
	信息共享，通过推行网上安全信息采集、安全监管和监测预警，提升监管的精准化、智能化水平。
第七十七条　县级以上地方各级人民政府应当组织有关部门制定本行政区域内生产安全事故应急救援预案，建立应急救援体系。	**第八十条**　县级以上地方各级人民政府应当组织有关部门制定本行政区域内生产安全事故应急救援预案，建立应急救援体系。 **乡镇人民政府和街道办事处，以及开发区、工业园区、港区、风景区等应当制定相应的生产安全事故应急救援预案，协助人民政府有关部门或者按照授权依法履行生产安全事故应急救援工作职责。**
第七十八条　生产经营单位应当制定本单位生产安全事故应急救援预案，与所在地县级以上地方人民政府组织制定的生产安全事故应急救援预案相衔接，并定期组织演练。	**第八十一条**　生产经营单位应当制定本单位生产安全事故应急救援预案，与所在地县级以上地方人民政府组织制定的生产安全事故应急救援预案相衔接，并定期组织演练。
第七十九条　危险物品的生产、经营、储存单位以及矿山、金属冶炼、城市轨道交通运营、建筑施工单位应当建立应急救援组织；生产经营规模较小的，可以不建立应急救援组织，但应当指定兼职的应急救援人员。 危险物品的生产、经营、储存、运输单位以及矿山、金属冶炼、城市轨道交通运营、建筑施工单位应当配备必要的应急救援器材、设备和物资，并进行经常性维护、保养，保证正常运转。	**第八十二条**　危险物品的生产、经营、储存单位以及矿山、金属冶炼、城市轨道交通运营、建筑施工单位应当建立应急救援组织；生产经营规模较小的，可以不建立应急救援组织，但应当指定兼职的应急救援人员。 危险物品的生产、经营、储存、运输单位以及矿山、金属冶炼、城市轨道交通运营、建筑施工单位应当配备必要的应急救援器材、设备和物资，并进行经常性维护、保养，保证正常运转。
第八十条　生产经营单位发生生产安全事故后，事故现场有关人员	**第八十三条**　生产经营单位发生生产安全事故后，事故现场有关人

续表

2014 年《安全生产法》	2021 年《安全生产法》
应当立即报告本单位负责人。 单位负责人接到事故报告后，应当迅速采取有效措施，组织抢救，防止事故扩大，减少人员伤亡和财产损失，并按照国家有关规定立即如实报告当地负有安全生产监督管理职责的部门，不得隐瞒不报、谎报或者迟报，不得故意破坏事故现场、毁灭有关证据。	员应当立即报告本单位负责人。 单位负责人接到事故报告后，应当迅速采取有效措施，组织抢救，防止事故扩大，减少人员伤亡和财产损失，并按照国家有关规定立即如实报告当地负有安全生产监督管理职责的部门，不得隐瞒不报、谎报或者迟报，不得故意破坏事故现场、毁灭有关证据。
第八十一条 负有安全生产监督管理职责的部门接到事故报告后，应当立即按照国家有关规定上报事故情况。负有安全生产监督管理职责的部门和有关地方人民政府对事故情况不得隐瞒不报、谎报或者迟报。	**第八十四条** 负有安全生产监督管理职责的部门接到事故报告后，应当立即按照国家有关规定上报事故情况。负有安全生产监督管理职责的部门和有关地方人民政府对事故情况不得隐瞒不报、谎报或者迟报。
第八十二条 有关地方人民政府和负有安全生产监督管理职责的部门的负责人接到生产安全事故报告后，应当按照生产安全事故应急救援预案的要求立即赶到事故现场，组织事故抢救。 参与事故抢救的部门和单位应当服从统一指挥，加强协同联动，采取有效的应急救援措施，并根据事故救援的需要采取警戒、疏散等措施，防止事故扩大和次生灾害的发生，减少人员伤亡和财产损失。 事故抢救过程中应当采取必要措施，避免或者减少对环境造成的危害。 任何单位和个人都应当支持、配合事故抢救，并提供一切便利条件。	**第八十五条** 有关地方人民政府和负有安全生产监督管理职责的部门的负责人接到生产安全事故报告后，应当按照生产安全事故应急救援预案的要求立即赶到事故现场，组织事故抢救。 参与事故抢救的部门和单位应当服从统一指挥，加强协同联动，采取有效的应急救援措施，并根据事故救援的需要采取警戒、疏散等措施，防止事故扩大和次生灾害的发生，减少人员伤亡和财产损失。 事故抢救过程中应当采取必要措施，避免或者减少对环境造成的危害。 任何单位和个人都应当支持、配合事故抢救，并提供一切便利条件。

续表

2014 年《安全生产法》	2021 年《安全生产法》
第八十三条　事故调查处理应当按照科学严谨、依法依规、实事求是、注重实效的原则，及时、准确地查清事故原因，查明事故性质和责任，总结事故教训，提出整改措施，并对事故责任者提出处理意见。事故调查报告应当依法及时向社会公布。事故调查和处理的具体办法由国务院制定。 事故发生单位应当及时全面落实整改措施，负有安全生产监督管理职责的部门应当加强监督检查。	**第八十六条**　事故调查处理应当按照科学严谨、依法依规、实事求是、注重实效的原则，及时、准确地查清事故原因，查明事故性质和责任，**评估应急处置工作**，总结事故教训，提出整改措施，并对事故责任**单位和人员**提出处理**建议**。事故调查报告应当依法及时向社会公布。事故调查和处理的具体办法由国务院制定。 事故发生单位应当及时全面落实整改措施，负有安全生产监督管理职责的部门应当加强监督检查。 **负责事故调查处理的国务院有关部门和地方人民政府应当在批复事故调查报告后一年内，组织有关部门对事故整改和防范措施落实情况进行评估，并及时向社会公开评估结果；对不履行职责导致事故整改和防范措施没有落实的有关单位和人员，应当按照有关规定追究责任。**
第八十四条　生产经营单位发生生产安全事故，经调查确定为责任事故的，除了应当查明事故单位的责任并依法予以追究外，还应当查明对安全生产的有关事项负有审查批准和监督职责的行政部门的责任，对有失职、渎职行为的，依照本法第八十七条的规定追究法律责任。	**第八十七条**　生产经营单位发生生产安全事故，经调查确定为责任事故的，除了应当查明事故单位的责任并依法予以追究外，还应当查明对安全生产的有关事项负有审查批准和监督职责的行政部门的责任，对有失职、渎职行为的，依照本法第**九十**条的规定追究法律责任。
第八十五条　任何单位和个人不得阻挠和干涉对事故的依法调查处理。	**第八十八条**　任何单位和个人不得阻挠和干涉对事故的依法调查处理。

续表

2014 年《安全生产法》	2021 年《安全生产法》
第八十六条　县级以上地方各级人民政府~~安全生产监督~~管理部门应当定期统计分析本行政区域内发生生产安全事故的情况，并定期向社会公布。	**第八十九条**　县级以上地方各级人民政府**应急**管理部门应当定期统计分析本行政区域内发生生产安全事故的情况，并定期向社会公布。
第六章　法律责任	**第六章　法律责任**
第八十七条　负有安全生产监督管理职责的部门的工作人员，有下列行为之一的，给予降级或者撤职的处分；构成犯罪的，依照刑法有关规定追究刑事责任： （一）对不符合法定安全生产条件的涉及安全生产的事项予以批准或者验收通过的； （二）发现未依法取得批准、验收的单位擅自从事有关活动或者接到举报后不予取缔或者不依法予以处理的； （三）对已经依法取得批准的单位不履行监督管理职责，发现其不再具备安全生产条件而不撤销原批准或者发现安全生产违法行为不予查处的； （四）在监督检查中发现重大事故隐患，不依法及时处理的。 负有安全生产监督管理职责的部门的工作人员有前款规定以外的滥用职权、玩忽职守、徇私舞弊行为的，依法给予处分；构成犯罪的，依照刑法有关规定追究刑事责任。	**第九十条**　负有安全生产监督管理职责的部门的工作人员，有下列行为之一的，给予降级或者撤职的处分；构成犯罪的，依照刑法有关规定追究刑事责任： （一）对不符合法定安全生产条件的涉及安全生产的事项予以批准或者验收通过的； （二）发现未依法取得批准、验收的单位擅自从事有关活动或者接到举报后不予取缔或者不依法予以处理的； （三）对已经依法取得批准的单位不履行监督管理职责，发现其不再具备安全生产条件而不撤销原批准或者发现安全生产违法行为不予查处的； （四）在监督检查中发现重大事故隐患，不依法及时处理的。 负有安全生产监督管理职责的部门的工作人员有前款规定以外的滥用职权、玩忽职守、徇私舞弊行为的，依法给予处分；构成犯罪的，依照刑法有关规定追究刑事责任。
第八十八条　负有安全生产监督管理职责的部门，要求被审查、验	**第九十一条**　负有安全生产监督管理职责的部门，要求被审查、验

续表

2014 年《安全生产法》	2021 年《安全生产法》
收的单位购买其指定的安全设备、器材或者其他产品的，在对安全生产事项的审查、验收中收取费用的，由其上级机关或者监察机关责令改正，责令退还收取的费用；情节严重的，对直接负责的主管人员和其他直接责任人员依法给予处分。	收的单位购买其指定的安全设备、器材或者其他产品的，在对安全生产事项的审查、验收中收取费用的，由其上级机关或者监察机关责令改正，责令退还收取的费用；情节严重的，对直接负责的主管人员和其他直接责任人员依法给予处分。
第八十九条 承担安全评价、认证、检测、检验工作的机构，出具虚假证明的，没收违法所得；违法所得在十万元以上的，并处违法所得二倍以上五倍以下的罚款；没有违法所得或者违法所得不足十万元的，单处或者并处十万元以上二十万元以下的罚款；对其直接负责的主管人员和其他直接责任人员处二万元以上五万元以下的罚款；给他人造成损害的，与生产经营单位承担连带赔偿责任；构成犯罪的，依照刑法有关规定追究刑事责任。 对有前款违法行为的机构，吊销其相应资质。	**第九十二条** 承担安全评价、认证、检测、检验**职责**的机构出具**失实报告的，责令停业整顿，并处三万元以上十万元以下的罚款；给他人造成损害的，依法承担赔偿责任**。 **承担安全评价、认证、检测、检验职责的机构租借资质、挂靠、出具虚假报告的**，没收违法所得；违法所得在十万元以上的，并处违法所得二倍以上五倍以下的罚款，没有违法所得或者违法所得不足十万元的，单处或者并处十万元以上二十万元以下的罚款；对其直接负责的主管人员和其他直接责任人员处**五**万元以上**十**万元以下的罚款；给他人造成损害的，与生产经营单位承担连带赔偿责任；构成犯罪的，依照刑法有关规定追究刑事责任。 对有前款违法行为的机构**及其直接责任人员**，吊销其相应资质**和资格，五年内不得从事安全评价、认证、检测、检验等工作；情节严重的，实行终身行业和职业禁入**。
第九十条 生产经营单位的决策机构、主要负责人或者个人经营的投资人不依照本法规定保证安全生	**第九十三条** 生产经营单位的决策机构、主要负责人或者个人经营的投资人不依照本法规定保证安全

续表

2014 年《安全生产法》	2021 年《安全生产法》
产所必需的资金投入，致使生产经营单位不具备安全生产条件的，责令限期改正，提供必需的资金；逾期未改正的，责令生产经营单位停产停业整顿。 有前款违法行为，导致发生生产安全事故的，对生产经营单位的主要负责人给予撤职处分，对个人经营的投资人处二万元以上二十万元以下的罚款；构成犯罪的，依照刑法有关规定追究刑事责任。	生产所必需的资金投入，致使生产经营单位不具备安全生产条件的，责令限期改正，提供必需的资金；逾期未改正的，责令生产经营单位停产停业整顿。 有前款违法行为，导致发生生产安全事故的，对生产经营单位的主要负责人给予撤职处分，对个人经营的投资人处二万元以上二十万元以下的罚款；构成犯罪的，依照刑法有关规定追究刑事责任。
第九十一条 生产经营单位的主要负责人未履行本法规定的安全生产管理职责的，责令限期改正；逾期未改正的，处二万元以上五万元以下的罚款，责令生产经营单位停产停业整顿。 生产经营单位的主要负责人有前款违法行为，导致发生生产安全事故的，给予撤职处分；构成犯罪的，依照刑法有关规定追究刑事责任。 生产经营单位的主要负责人依照前款规定受刑事处罚或者撤职处分的，自刑罚执行完毕或者受处分之日起，五年内不得担任任何生产经营单位的主要负责人；对重大、特别重大生产安全事故负有责任的，终身不得担任本行业生产经营单位的主要负责人。	**第九十四条** 生产经营单位的主要负责人未履行本法规定的安全生产管理职责的，责令限期改正，**处二万元以上五万元以下的罚款**；逾期未改正的，处**五**万元以上**十**万元以下的罚款，责令生产经营单位停产停业整顿。 生产经营单位的主要负责人有前款违法行为，导致发生生产安全事故的，给予撤职处分；构成犯罪的，依照刑法有关规定追究刑事责任。 生产经营单位的主要负责人依照前款规定受刑事处罚或者撤职处分的，自刑罚执行完毕或者受处分之日起，五年内不得担任任何生产经营单位的主要负责人；对重大、特别重大生产安全事故负有责任的，终身不得担任本行业生产经营单位的主要负责人。
第九十二条 生产经营单位的主要负责人未履行本法规定的安全生产管理职责，导致发生生产安全事	**第九十五条** 生产经营单位的主要负责人未履行本法规定的安全生产管理职责，导致发生生产安全事

续表

2014 年《安全生产法》	2021 年《安全生产法》
故的，由~~安全生产监督~~管理部门依照下列规定处以罚款： （一）发生一般事故的，处上一年年收入百分之三十的罚款； （二）发生较大事故的，处上一年年收入百分之四十的罚款； （三）发生重大事故的，处上一年年收入百分之六十的罚款； （四）发生特别重大事故的，处上一年年收入百分之八十的罚款。	故的，由**应急**管理部门依照下列规定处以罚款： （一）发生一般事故的，处上一年年收入百分之**四十**的罚款； （二）发生较大事故的，处上一年年收入百分之**六十**的罚款； （三）发生重大事故的，处上一年年收入百分之**八十**的罚款； （四）发生特别重大事故的，处上一年年收入百分之**一百**的罚款。
第九十三条 生产经营单位的安全生产管理人员未履行本法规定的安全生产管理职责的，责令限期改正；导致发生生产安全事故的，暂停或者撤销其与安全生产有关的资格；构成犯罪的，依照刑法有关规定追究刑事责任。	**第九十六条** 生产经营单位的**其他负责人和**安全生产管理人员未履行本法规定的安全生产管理职责的，责令限期改正，**处一万元以上三万元以下的罚款**；导致发生生产安全事故的，暂停或者吊销其与安全生产有关的资格，**并处上一年年收入百分之二十以上百分之五十以下的罚款**；构成犯罪的，依照刑法有关规定追究刑事责任。
第九十四条 生产经营单位有下列行为之一的，责令限期改正，可以处五万元以下的罚款；逾期未改正的，责令停产停业整顿，并处五万元以上十万元以下的罚款，对其直接负责的主管人员和其他直接责任人员处一万元以上二万元以下的罚款： （一）未按照规定设置安全生产管理机构或者配备安全生产管理人员的； （二）危险物品的生产、经营、储存单位以及矿山、金属冶炼、建筑施工、~~道路~~运输单位的主要负责人和安	**第九十七条** 生产经营单位有下列行为之一的，责令限期改正，处**十**万元以下的罚款；逾期未改正的，责令停产停业整顿，并处**十**万元以上**二十**万元以下的罚款，对其直接负责的主管人员和其他直接责任人员处**二**万元以上**五**万元以下的罚款： （一）未按照规定设置安全生产管理机构或者配备安全生产管理人员、**注册安全工程师**的； （二）危险物品的生产、经营、储存、**装卸**单位以及矿山、金属冶炼、建筑施工、运输单位的主要负责人和安

续表

2014 年《安全生产法》	2021 年《安全生产法》
全生产管理人员未按照规定经考核合格的； （三）未按照规定对从业人员、被派遣劳动者、实习学生进行安全生产教育和培训，或者未按照规定如实告知有关的安全生产事项的； （四）未如实记录安全生产教育和培训情况的； （五）未将事故隐患排查治理情况如实记录或者未向从业人员通报的； （六）未按照规定制定生产安全事故应急救援预案或者未定期组织演练的； （七）特种作业人员未按照规定经专门的安全作业培训并取得相应资格，上岗作业的。	全生产管理人员未按照规定经考核合格的； （三）未按照规定对从业人员、被派遣劳动者、实习学生进行安全生产教育和培训，或者未按照规定如实告知有关的安全生产事项的； （四）未如实记录安全生产教育和培训情况的； （五）未将事故隐患排查治理情况如实记录或者未向从业人员通报的； （六）未按照规定制定生产安全事故应急救援预案或者未定期组织演练的； （七）特种作业人员未按照规定经专门的安全作业培训并取得相应资格，上岗作业的。
第九十五条　生产经营单位有下列行为之一的，责令停止建设或者停产停业整顿，限期改正；逾期未改正的，处五十万元以上一百万元以下的罚款，对其直接负责的主管人员和其他直接责任人员处二万元以上五万元以下的罚款；构成犯罪的，依照刑法有关规定追究刑事责任： （一）未按照规定对矿山、金属冶炼建设项目或者用于生产、储存、装卸危险物品的建设项目进行安全评价的； （二）矿山、金属冶炼建设项目或者用于生产、储存、装卸危险物品的建设项目没有安全设施设计或者安全设施设计未按照规定报经有关部门审查同意的；	**第九十八条**　生产经营单位有下列行为之一的，责令停止建设或者停产停业整顿，限期改正，**并处十万元以上五十万元以下的罚款，对其直接负责的主管人员和其他直接责任人员处二万元以上五万元以下的罚款**；逾期未改正的，处五十万元以上一百万元以下的罚款，对其直接负责的主管人员和其他直接责任人员处五万元以上十万元以下的罚款；构成犯罪的，依照刑法有关规定追究刑事责任： （一）未按照规定对矿山、金属冶炼建设项目或者用于生产、储存、装卸危险物品的建设项目进行安全评价的； （二）矿山、金属冶炼建设项目或

续表

2014年《安全生产法》	2021年《安全生产法》
(三)矿山、金属冶炼建设项目或者用于生产、储存、装卸危险物品的建设项目的施工单位未按照批准的安全设施设计施工的; (四)矿山、金属冶炼建设项目或者用于生产、储存危险物品的建设项目竣工投入生产或者使用前,安全设施未经验收合格的。	者用于生产、储存、装卸危险物品的建设项目没有安全设施设计或者安全设施设计未按照规定报经有关部门审查同意的; (三)矿山、金属冶炼建设项目或者用于生产、储存、装卸危险物品的建设项目的施工单位未按照批准的安全设施设计施工的; (四)矿山、金属冶炼建设项目或者用于生产、储存、**装卸**危险物品的建设项目竣工投入生产或者使用前,安全设施未经验收合格的。
第九十六条　生产经营单位有下列行为之一的,责令限期改正,可以处五万元以下的罚款;逾期未改正的,处五万元以上二十万元以下的罚款,对其直接负责的主管人员和其他直接责任人员处一万元以上二万元以下的罚款;情节严重的,责令停产停业整顿;构成犯罪的,依照刑法有关规定追究刑事责任: (一)未在有较大危险因素的生产经营场所和有关设施、设备上设置明显的安全警示标志的; (二)安全设备的安装、使用、检测、改造和报废不符合国家标准或者行业标准的; (三)未对安全设备进行经常性维护、保养和定期检测的; (四)未为从业人员提供符合国家标准或者行业标准的劳动防护用品的; (五)危险物品的容器、运输工具,	**第九十九条**　生产经营单位有下列行为之一的,责令限期改正,处五万元以下的罚款;逾期未改正的,处五万元以上二十万元以下的罚款,对其直接负责的主管人员和其他直接责任人员处一万元以上二万元以下的罚款;情节严重的,责令停产停业整顿;构成犯罪的,依照刑法有关规定追究刑事责任: (一)未在有较大危险因素的生产经营场所和有关设施、设备上设置明显的安全警示标志的; (二)安全设备的安装、使用、检测、改造和报废不符合国家标准或者行业标准的; (三)未对安全设备进行经常性维护、保养和定期检测的; (四)**关闭、破坏直接关系生产安全的监控、报警、防护、救生设备、设施,或者篡改、隐瞒、销毁其相关数据、信息的;**

续表

2014年《安全生产法》	2021年《安全生产法》
以及涉及人身安全、危险性较大的海洋石油开采特种设备和矿山井下特种设备未经具有专业资质的机构检测、检验合格，取得安全使用证或者安全标志，投入使用的； （六）使用应当淘汰的危及生产安全的工艺、设备的。	（五）未为从业人员提供符合国家标准或者行业标准的劳动防护用品的； （六）危险物品的容器、运输工具，以及涉及人身安全、危险性较大的海洋石油开采特种设备和矿山井下特种设备未经具有专业资质的机构检测、检验合格，取得安全使用证或者安全标志，投入使用的； （七）使用应当淘汰的危及生产安全的工艺、设备的； **（八）餐饮等行业的生产经营单位使用燃气未安装可燃气体报警装置的。**
第九十七条　未经依法批准，擅自生产、经营、运输、储存、使用危险物品或者处置废弃危险物品的，依照有关危险物品安全管理的法律、行政法规的规定予以处罚；构成犯罪的，依照刑法有关规定追究刑事责任。	**第一百条**　未经依法批准，擅自生产、经营、运输、储存、使用危险物品或者处置废弃危险物品的，依照有关危险物品安全管理的法律、行政法规的规定予以处罚；构成犯罪的，依照刑法有关规定追究刑事责任。
第九十八条　生产经营单位有下列行为之一的，责令限期改正，可以处十万元以下的罚款；逾期未改正的，责令停产停业整顿，并处十万元以上二十万元以下的罚款，对其直接负责的主管人员和其他直接责任人员处二万元以上五万元以下的罚款；构成犯罪的，依照刑法有关规定追究刑事责任： （一）生产、经营、运输、储存、使用危险物品或者处置废弃危险物品，未建立专门安全管理制度、未采取可靠的安全措施的；	**第一百零一条**　生产经营单位有下列行为之一的，责令限期改正，处十万元以下的罚款；逾期未改正的，责令停产停业整顿，并处十万元以上二十万元以下的罚款，对其直接负责的主管人员和其他直接责任人员处二万元以上五万元以下的罚款；构成犯罪的，依照刑法有关规定追究刑事责任： （一）生产、经营、运输、储存、使用危险物品或者处置废弃危险物品，未建立专门安全管理制度、未采取可靠的安全措施的；

续表

2014 年《安全生产法》	2021 年《安全生产法》
(二)对重大危险源未登记建档，或者未进行评估、监控，或者未制定应急预案的； (三)进行爆破、吊装以及国务院~~安全生产监督~~管理部门会同国务院有关部门规定的其他危险作业，未安排专门人员进行现场安全管理的； (四)未建立事故隐患排查治理制度的。	(二)对重大危险源未登记建档，未进行**定期检测**、评估、监控，未制定应急预案，或者未**告知应急措施**的； (三)进行爆破、吊装、**动火、临时用电**以及国务院**应急**管理部门会同国务院有关部门规定的其他危险作业，未安排专门人员进行现场安全管理的； **(四)未建立安全风险分级管控制度或者未按照安全风险分级采取相应管控措施的；** (五)未建立事故隐患排查治理制度，**或者重大事故隐患排查治理情况未按照规定报告的。**
第九十九条　生产经营单位未采取措施消除事故隐患的，责令立即消除或者限期消除；生产经营单位拒不执行的，责令停产停业整顿，并处~~十万元以上五十万元以下的罚款~~，对其直接负责的主管人员和其他直接责任人员处二万元以上五万元以下的罚款。	**第一百零二条**　生产经营单位未采取措施消除事故隐患的，责令立即消除或者限期消除，**处五万元以下的罚款**；生产经营单位拒不执行的，责令停产停业整顿，对其直接负责的主管人员和其他直接责任人员处**五**万元以上**十**万元以下的罚款；**构成犯罪的，依照刑法有关规定追究刑事责任。**
第一百条　生产经营单位将生产经营项目、场所、设备发包或者出租给不具备安全生产条件或者相应资质的单位或者个人的，责令限期改正，没收违法所得；违法所得十万元以上的，并处违法所得二倍以上五倍以下的罚款；没有违法所得或者违法所得不足十万元的，单处或者并处十万元以上二十万元以下的罚款；对其直接负责的主管人员和其他直接责	**第一百零三条**　生产经营单位将生产经营项目、场所、设备发包或者出租给不具备安全生产条件或者相应资质的单位或者个人的，责令限期改正，没收违法所得；违法所得十万元以上的，并处违法所得二倍以上五倍以下的罚款；没有违法所得或者违法所得不足十万元的，单处或者并处十万元以上二十万元以下的罚款；对其直接负责的主管人员和其他直

续表

2014年《安全生产法》	2021年《安全生产法》
任人员处一万元以上二万元以下的罚款；导致发生生产安全事故给他人造成损害的，与承包方、承租方承担连带赔偿责任。 　　生产经营单位未与承包单位、承租单位签订专门的安全生产管理协议或者未在承包合同、租赁合同中明确各自的安全生产管理职责，或者未对承包单位、承租单位的安全生产统一协调、管理的，责令限期改正，~~可以~~处五万元以下的罚款，对其直接负责的主管人员和其他直接责任人员~~可以~~处一万元以下的罚款；逾期未改正的，责令停产停业整顿。	接责任人员处一万元以上二万元以下的罚款；导致发生生产安全事故给他人造成损害的，与承包方、承租方承担连带赔偿责任。 　　生产经营单位未与承包单位、承租单位签订专门的安全生产管理协议或者未在承包合同、租赁合同中明确各自的安全生产管理职责，或者未对承包单位、承租单位的安全生产统一协调、管理的，责令限期改正，处五万元以下的罚款，对其直接负责的主管人员和其他直接责任人员处一万元以下的罚款；逾期未改正的，责令停产停业整顿。 　　**矿山、金属冶炼建设项目和用于生产、储存、装卸危险物品的建设项目的施工单位未按照规定对施工项目进行安全管理的，责令限期改正，处十万元以下的罚款，对其直接负责的主管人员和其他直接责任人员处二万元以下的罚款；逾期未改正的，责令停产停业整顿。以上施工单位倒卖、出租、出借、挂靠或者以其他形式非法转让施工资质的，责令停产停业整顿，吊销资质证书，没收违法所得；违法所得十万元以上的，并处违法所得二倍以上五倍以下的罚款，没有违法所得或者违法所得不足十万元的，单处或者并处十万元以上二十万元以下的罚款；对其直接负责的主管人员和其他直接责任人员处五万元以上十万元以下的罚款；构成犯罪的，依照刑法有关规定追究刑事责任。**

续表

2014 年《安全生产法》	2021 年《安全生产法》
第一百零一条　两个以上生产经营单位在同一作业区域内进行可能危及对方安全生产的生产经营活动，未签订安全生产管理协议或者未指定专职安全生产管理人员进行安全检查与协调的，责令限期改正，~~可以~~处五万元以下的罚款，对其直接负责的主管人员和其他直接责任人员~~可以~~处一万元以下的罚款；逾期未改正的，责令停产停业。	**第一百零四条**　两个以上生产经营单位在同一作业区域内进行可能危及对方安全生产的生产经营活动，未签订安全生产管理协议或者未指定专职安全生产管理人员进行安全检查与协调的，责令限期改正，处五万元以下的罚款，对其直接负责的主管人员和其他直接责任人员处一万元以下的罚款；逾期未改正的，责令停产停业。
第一百零二条　生产经营单位有下列行为之一的，责令限期改正，~~可以~~处五万元以下的罚款，对其直接负责的主管人员和其他直接责任人员~~可以~~处一万元以下的罚款；逾期未改正的，责令停产停业整顿；构成犯罪的，依照刑法有关规定追究刑事责任： （一）生产、经营、储存、使用危险物品的车间、商店、仓库与员工宿舍在同一座建筑内，或者与员工宿舍的距离不符合安全要求的； （二）生产经营场所和员工宿舍未设有符合紧急疏散需要、标志明显、保持畅通的出口，或者锁闭、封堵生产经营场所或者员工宿舍出口的。	**第一百零五条**　生产经营单位有下列行为之一的，责令限期改正，处五万元以下的罚款，对其直接负责的主管人员和其他直接责任人员处一万元以下的罚款；逾期未改正的，责令停产停业整顿；构成犯罪的，依照刑法有关规定追究刑事责任： （一）生产、经营、储存、使用危险物品的车间、商店、仓库与员工宿舍在同一座建筑内，或者与员工宿舍的距离不符合安全要求的； （二）生产经营场所和员工宿舍未设有符合紧急疏散需要、标志明显、保持畅通的出口、**疏散通道**，或者**占用**、锁闭、封堵生产经营场所或者员工宿舍出口、**疏散通道**的。
第一百零三条　生产经营单位与从业人员订立协议，免除或者减轻其对从业人员因生产安全事故伤亡依法应承担的责任的，该协议无效；对生产经营单位的主要负责人、个人经营的投资人处二万元以上十万元以下的罚款。	**第一百零六条**　生产经营单位与从业人员订立协议，免除或者减轻其对从业人员因生产安全事故伤亡依法应承担的责任的，该协议无效；对生产经营单位的主要负责人、个人经营的投资人处二万元以上十万元以下的罚款。

续表

2014 年《安全生产法》	2021 年《安全生产法》
第一百零四条 生产经营单位的从业人员不服从管理，违反安全生产规章制度或者操作规程的，由生产经营单位给予批评教育，依照有关规章制度给予处分；构成犯罪的，依照刑法有关规定追究刑事责任。	**第一百零七条** 生产经营单位的从业人员**不落实岗位安全责任**，不服从管理，违反安全生产规章制度或者操作规程的，由生产经营单位给予批评教育，依照有关规章制度给予处分；构成犯罪的，依照刑法有关规定追究刑事责任。
第一百零五条 违反本法规定，生产经营单位拒绝、阻碍负有安全生产监督管理职责的部门依法实施监督检查的，责令改正；拒不改正的，处二万元以上二十万元以下的罚款；对其直接负责的主管人员和其他直接责任人员处一万元以上二万元以下的罚款；构成犯罪的，依照刑法有关规定追究刑事责任。	**第一百零八条** 违反本法规定，生产经营单位拒绝、阻碍负有安全生产监督管理职责的部门依法实施监督检查的，责令改正；拒不改正的，处二万元以上二十万元以下的罚款；对其直接负责的主管人员和其他直接责任人员处一万元以上二万元以下的罚款；构成犯罪的，依照刑法有关规定追究刑事责任。
	第一百零九条 高危行业、领域的生产经营单位未按照国家规定投保安全生产责任保险的，责令限期改正，处五万元以上十万元以下的罚款；逾期未改正的，处十万元以上二十万元以下的罚款。
第一百零六条 生产经营单位的主要负责人在本单位发生生产安全事故时，不立即组织抢救或者在事故调查处理期间擅离职守或者逃匿的，给予降级、撤职的处分，并由~~安全生产监督~~管理部门处上一年年收入百分之六十至百分之一百的罚款；对逃匿的处十五日以下拘留；构成犯罪的，依照刑法有关规定追究刑事责任。	**第一百一十条** 生产经营单位的主要负责人在本单位发生生产安全事故时，不立即组织抢救或者在事故调查处理期间擅离职守或者逃匿的，给予降级、撤职的处分，并由**应急**管理部门处上一年年收入百分之六十至百分之一百的罚款；对逃匿的处十五日以下拘留；构成犯罪的，依照刑法有关规定追究刑事责任。 生产经营单位的主要负责人对

续表

2014年《安全生产法》	2021年《安全生产法》
生产经营单位的主要负责人对生产安全事故隐瞒不报、谎报或者迟报的，依照前款规定处罚。	生产安全事故隐瞒不报、谎报或者迟报的，依照前款规定处罚。
第一百零七条　有关地方人民政府、负有安全生产监督管理职责的部门，对生产安全事故隐瞒不报、谎报或者迟报的，对直接负责的主管人员和其他直接责任人员依法给予处分；构成犯罪的，依照刑法有关规定追究刑事责任。	**第一百一十一条**　有关地方人民政府、负有安全生产监督管理职责的部门，对生产安全事故隐瞒不报、谎报或者迟报的，对直接负责的主管人员和其他直接责任人员依法给予处分；构成犯罪的，依照刑法有关规定追究刑事责任。
	第一百一十二条　生产经营单位违反本法规定，被责令改正且受到罚款处罚，拒不改正的，负有安全生产监督管理职责的部门可以自作出责令改正之日的次日起，按照原处罚数额按日连续处罚。
第一百零八条　生产经营单位不具备~~本法和其他有关~~法律、行政法规和国家标准或者行业标准规定的安全生产条件，经停产停业整顿仍不具备安全生产条件的，予以关闭；有关部门应当依法吊销其有关证照。	**第一百一十三条**　生产经营单位**存在下列情形之一的，负有安全生产监督管理职责的部门应当提请地方人民政府**予以关闭，有关部门应当依法吊销其有关证照。**生产经营单位主要负责人五年内不得担任任何生产经营单位的主要负责人；情节严重的，终身不得担任本行业生产经营单位的主要负责人：** （一）**存在重大事故隐患，一百八十日内三次或者一年内四次受到本法规定的行政处罚的；** （二）经停产停业整顿，仍不具备**法律、行政法规和国家标准或者行业标准规定的**安全生产条件的； （三）不具备法律、行政法规和国

续表

2014年《安全生产法》	2021年《安全生产法》
	家标准或者行业标准规定的安全生产条件，**导致发生重大、特别重大生产安全事故的；** **（四）拒不执行负有安全生产监督管理职责的部门作出的停产停业整顿决定的。**
第一百零九条 发生生产安全事故，对负有责任的生产经营单位除要求其依法承担相应的赔偿等责任外，由~~安全生产监督~~管理部门依照下列规定处以罚款： （一）发生一般事故的，处二十万元以上五十万元以下的罚款； （二）发生较大事故的，处五十万元以上一百万元以下的罚款； （三）发生重大事故的，处一百万元以上五百万元以下的罚款； （四）发生特别重大事故的，处五百万元以上一千万元以下的罚款；情节特别严重的，处一千万元以上二千万元以下的罚款。	**第一百一十四条** 发生生产安全事故，对负有责任的生产经营单位除要求其依法承担相应的赔偿等责任外，由**应急**管理部门依照下列规定处以罚款： （一）发生一般事故的，处**三十**万元以上**一百**万元以下的罚款； （二）发生较大事故的，处**一百**万元以上**二百**万元以下的罚款； （三）发生重大事故的，处**二百**万元以上**一千**万元以下的罚款； （四）发生特别重大事故的，处**一千**万元以上**二千**万元以下的罚款。 **发生生产安全事故，情节特别严重、影响特别恶劣的，应急管理部门可以按照前款罚款数额的二倍以上五倍以下对负有责任的生产经营单位处以罚款。**
第一百一十条 本法规定的行政处罚，由~~安全生产监督~~管理部门和其他负有安全生产监督管理职责的部门按照职责分工决定。予以关闭的行政处罚由负有安全生产监督管理职责的部门报请县级以上人民政府按照国务院规定的权限决定；给予拘留的行政处罚由公安机关依照治安管理处罚法的规定决定。	**第一百一十五条** 本法规定的行政处罚，由**应急**管理部门和其他负有安全生产监督管理职责的部门按照职责分工决定；**其中，根据本法第九十五条、第一百一十条、第一百一十四条的规定应当给予民航、铁路、电力行业的生产经营单位及其主要负责人行政处罚的，也可以由主管的负有安全生产监督管理职责的部门**

续表

2014 年《安全生产法》	2021 年《安全生产法》
	进行处罚。予以关闭的行政处罚，由负有安全生产监督管理职责的部门报请县级以上人民政府按照国务院规定的权限决定；给予拘留的行政处罚，由公安机关依照治安管理处罚的规定决定。
第一百一十一条　生产经营单位发生生产安全事故造成人员伤亡、他人财产损失的，应当依法承担赔偿责任；拒不承担或者其负责人逃匿的，由人民法院依法强制执行。 生产安全事故的责任人未依法承担赔偿责任，经人民法院依法采取执行措施后，仍不能对受害人给予足额赔偿的，应当继续履行赔偿义务；受害人发现责任人有其他财产的，可以随时请求人民法院执行。	**第一百一十六条**　生产经营单位发生生产安全事故造成人员伤亡、他人财产损失的，应当依法承担赔偿责任；拒不承担或者其负责人逃匿的，由人民法院依法强制执行。 生产安全事故的责任人未依法承担赔偿责任，经人民法院依法采取执行措施后，仍不能对受害人给予足额赔偿的，应当继续履行赔偿义务；受害人发现责任人有其他财产的，可以随时请求人民法院执行。
第七章　附　　则	**第七章　附　　则**
第一百一十二条　本法下列用语的含义： 危险物品，是指易燃易爆物品、危险化学品、放射性物品等能够危及人身安全和财产安全的物品。 重大危险源，是指长期地或者临时地生产、搬运、使用或者储存危险物品，且危险物品的数量等于或者超过临界量的单元（包括场所和设施）。	**第一百一十七条**　本法下列用语的含义： 危险物品，是指易燃易爆物品、危险化学品、放射性物品等能够危及人身安全和财产安全的物品。 重大危险源，是指长期地或者临时地生产、搬运、使用或者储存危险物品，且危险物品的数量等于或者超过临界量的单元（包括场所和设施）。
第一百一十三条　本法规定的生产安全一般事故、较大事故、重大事故、特别重大事故的划分标准由国务院规定。 国务院~~安全生产监督~~管理部门	**第一百一十八条**　本法规定的生产安全一般事故、较大事故、重大事故、特别重大事故的划分标准由国务院规定。 国务院**应急**管理部门和其他负有

续表

2014 年《安全生产法》	2021 年《安全生产法》
和其他负有安全生产监督管理职责的部门应当根据各自的职责分工，制定相关行业、领域重大事故隐患的判定标准。	安全生产监督管理职责的部门应当根据各自的职责分工，制定相关行业、领域**重大危险源的辨识标准和**重大事故隐患的判定标准。
第一百一十四条　本法自 2002 年 11 月 1 日起施行。	**第一百一十九条**　本法自 2002 年 11 月 1 日起施行。

附录二　典型案例

1. 孙六焕与北京市昌平区应急管理局（原北京市昌平区安全生产监督管理局）行政处罚案①

裁判要旨：本案中，昌平安监局在涉案事故发生后，与相关部门组成联合调查组，经调查核实并对证据材料进行综合分析判断，认定本案事故发生时，孙六焕作为涉案工程承包单位亿源永泰公司的法定代表人，其未督促、检查本单位的安全生产工作；未制定安全生产责任制、安全生产管理制度以及生产安全事故应急救援预案，对该事故的发生负有领导责任，事实清楚。昌平安监局所作处罚决定，认定事实清楚，适用法律正确，处罚幅度适当。孙六焕作为事故发生时企业的法定代表人，未履行《安全生产法》规定的安全生产管理职责，对该事故的发生负有领导责任，并不因将企业法定代表人进行变更而免除该事故发生时其应负有的法定领导责任。

2. 上林县西燕镇覃浪村中富庄犁来山采石场、上林县人民政府再审审查与审判监督案②

裁判要旨：生产经营单位应当具备《安全生产法》和有关法律、行政法规和国家标准或者行业标准规定的安全生产条件；不具备安全生产条件的，不得从事生产经营活动。根据一、二审查明的

---

① 参见北京市高级人民法院（2019）京行申 430 号案例。

② 参见最高人民法院（2018）最高法行申 2451 号案例。

事实，上林县政府作出的31号会议纪要，主要内容是明确允许继续保留的非煤矿山的原则，并要求政府相关职能部门依法履职。上林县国土资源局、上林县安全生产监督管理局、上林县公安局作为具体的职能部门，除了要按照会议纪要的原则办理，还必须遵循法律、法规的具体规定，对于采石场相关条件是否成立进行审查。上述部门作为独立的行政主体，在遵循县政府的总体规划和要求的情况下，依法进行审查，并非一概依据政府的纪要而无须遵循法律、法规的规定。根据《安全生产许可证条例》第2条规定，国家对矿山企业、建筑施工企业和危险化学品、烟花爆竹、民用爆炸物品生产企业实行安全生产许可制度，企业未取得安全生产许可证的，不得从事生产活动。本案中，犁来山采石场并未向法庭提交证据证明其有合法的安全生产许可证，且其抗辩所称的未取得安全生产许可证的理由亦无法律依据。犁来山采石场无法继续采矿的原因在于两个方面：一是其采矿许可证超期；二是没有安全生产许可证。犁来山采石场从开始生产时就未能获取安全生产许可证，其实体上并不符合开采条件。上林县政府作出31号会议纪要的行为，并非造成犁来山采石场关停的原因，并未侵犯其实体权益。犁来山采石场认为上林县政府作出的31号会议纪要导致其被关停，没有事实依据。

3. 彭载胜与丰都县安全生产监督管理局安全生产行政处罚案①

裁判要旨：根据2014年《安全生产法》第21条第1款规定："矿山、金属冶炼、建筑施工、道路运输单位和危险物品的生产、

---

① 参见重庆市涪陵区人民法院（2018）渝0102行初215号案例。

经营、储存单位，应当设置安全生产管理机构或者配备专职安全生产管理人员。”彭载胜违反上述规定，在生产经营活动中，导致发生吊运现场安全管理缺失，发生触电致1人死亡的生产安全事故，应当受到处罚。丰都县安监局经过调查取证、事先告知、举行听证，作出处罚决定，证据确实充分，程序合法，适用法律法规正确，处罚适当。

4．重庆渝东建设有限公司与云阳县安全生产监督管理局、重庆市应急管理局行政处罚和行政协议案①

裁判要旨：生产经营单位的安全生产管理机构以及安全生产管理人员履行下列职责：……检查本单位的安全生产状况，及时排查生产安全事故隐患，提出改进安全生产管理的建议；制止和纠正违章指挥、强令冒险作业、违反操作规程的行为；督促落实本单位安全生产整改措施。本案中，重庆渝东建设有限公司（以下简称渝东建司）承包养鹿镇2016年大中型水库移民后扶工程后，将该工程交给其项目负责人汪孝伦组织建设。在施工过程中，渝东建司及其项目负责人没有安排专职或兼职的安全管理人员现场管理，其委托现场管理的人员长期不在岗，对工地临时租用的铲车没有进行检查、维护，未及时排查生产安全事故隐患，让驻车制动不良、后轴制动效能不良的铲车带病运行，未对从业人员进行安全教育，未制止铲车驾驶员曾以琼违章冒险作业，造成本次生产安全责任事故。根据云阳安监局提交的《施工合同》《轮式装载机事故鉴定》，对知情人员叶成、

① 参见重庆市第二中级人民法院（2019）渝02行终86号案例。

汪孝伦等人的询问笔录等证据证实的事实以及渝东建司法定代表人黄浩在接受云阳安监局询问时作出的“我们公司是现场监督管理不到位，现场管理人员对租用的铲车审查管理不到位”“我认为驾驶员操作不当也是原因之一”的陈述，能够认定渝东建司的行为违反了上述规定，是造成事故的主要原因，应承担本次事故的主要责任。虽然铲车车主对铲车的安全生产具有管理责任，但事发期间，铲车并未在车主的可控范围内，而是受聘于渝东建司承包的工程施工项目中，此时铲车的安全监管责任应由铲车的实际使用方承担。

5. 刘祥祥诉金昌市金川区人民政府、金昌市人民政府案①

裁判要旨：2018 年 5 月底，刘祥祥作为刘师傅汽配修理店的负责人，在未办理工商注册变更登记、未按要求进行机动车维修经营备案、未组织制定安全生产规章制度和操作规程的情况下开始营业，且从业人员陈兴茂没有经过安全生产教育和培训。以上事实有事故调查组对刘祥祥所作询问笔录及《事故调查报告》的内容证实。2018 年 10 月 19 日 13 时许，潘多祥驾驶东风大力神重型自卸货车至刘师傅汽配修理店更换变速箱气管时，刘祥祥指派没有经过安全生产教育和培训的修理工陈兴茂更换。陈兴茂在更换气管过程中被落下的翻斗货箱挤伤后经送医院抢救无效死亡。根据 2014 年《安全生产法》第 24 条“生产经营单位的主要负责人和安全生产管理人员必须具备与本单位所从事的生产经营活动相应的安全生产知识和管理能力”的规定，本案中，申请人身为生产经营单位的主要负责人，其经营的刘师傅汽配修理店自 2018 年 5 月营业以来未依法办理工商

① 参见甘肃省兰州市中级人民法院（2019）甘 01 行初 18 号案例。

注册登记和机动车维修营业备案，未建立和落实安全生产规章制度和操作规程，亦未组织制定并实施安全生产教育和培训计划，且在修理工陈兴茂违规作业过程中未及时制止、及时消除生产安全事故隐患，其一系列经营行为违法，从而酿成本次安全责任事故。

6. 广州市荔湾区艾美宾馆与广州市荔湾区综合行政执法局行政处罚案①

裁判要旨：《广州市安全生产条例》第23条规定："生产经营单位应当按照下列要求对从业人员进行安全生产教育和培训：……（五）建立从业人员安全生产教育和培训档案，记录从业人员安全生产教育和培训经历。"第60条第1款规定："生产经营单位违反本条例第二十三条第一款第五项、第六项规定，未建立从业人员安全生产教育和培训档案或者未承担安全生产教育和培训费用的，责令限期改正；逾期未改正的，处以五千元以上二万元以下的罚款。"荔湾区综合执法局经检查发现艾美宾馆未建立从业人员安全生产教育和培训档案，责令限期改正，但艾美宾馆逾期未改正，荔湾区综合执法局据此作出罚款16000元的行政处罚决定认定事实清楚、适用法律正确、程序合法，原审判决驳回上诉人诉讼请求并无不当。关于上诉人认为其提交的《消防安全人员培训会议记录》的内容实质就是安全培训档案的主张，建立档案应反映每一位从业人员安全生产教育和培训的时间、内容和考核结果等情况，上诉人提交的会议记录不能反映上述情况，因此上诉人主张其已建立从业人员安全培训档案的理由不能成立，本院不予采纳。关于上诉人认为被上诉人未尽

① 参见广东省广州市中级人民法院（2015）穗中法行终字第1360号案例。

指导其建立档案义务的主张，被上诉人作出的《整改复查意见书》已明确指出艾美宾馆在安全生产方面整改后仍存在“未对从业人员进行安全生产教育培训，并建立安全生产教育培训档案”的问题，档案与会议记录存在明显差异，且安全生产培训也不仅限于消防安全方面的教育培训，因此上诉人该项主张不能成立，本院不予支持。

7. 葛洲坝石门特种水泥有限公司与会同县安全生产监督管理局质量监督行政管理案①

裁判要旨：生产经营单位的特种作业人员必须按照国家有关规定经专门的安全作业培训，取得相应资格，方可上岗作业。生产经营单位不得将生产经营项目、场所、设备发包或者出租给不具备安全生产条件或者相应资质的单位或者个人。建设单位应当将拆除工程发包给具有相应资质等级的施工单位。同时，《关于特种作业人员安全技术培训考核工作的意见》（2016年2月废止）中明确规定，特种作业及人员范围包括：电工作业；金属焊接、切割作业；起重机械（含电梯）作业；企业内机动车辆驾驶；登高架设作业等。并规定了特种作业人员必须具备以下基本条件：年龄满18周岁；身体健康，无妨碍从事相应工种作业的疾病和生理缺陷；初中（含初中）以上文化程度，具备相应工种的安全技术知识，参加国家规定的安全技术理论和实际操作考核并成绩合格等条件。本案中，伤者田清林无论是电工作业还是登高架设作业都未具备特种作业人员基本条件，也没有特种作业操作证；上诉人葛洲坝石门特种水泥有限公司作为

① 参见湖南省怀化市中级人民法院（2018）湘12行终39号案例。

会同县火车站货场水泥中转站中的水泥罐和变压器的所有权单位，将拆除水泥罐和变压器的工作发包给并无特种作业经营资质的彭宏春个人，彭宏春个人并不具备涉案拆除工程的企业资质。

8. 盈江县教育体育局、任永爱生命权、健康权、身体权纠纷案①

裁判要旨：生产经营单位新建、改建、扩建工程项目（以下简称建设项目）的安全设施，必须与主体工程同时设计、同时施工、同时投入生产和使用。安全设施投入应当纳入建设项目概算。依据对相关条文的分析及一审法院依法查明的事实可以看出，因盈江县教育体育局、元联公司至今尚未解除过合同，自2019年2月18日元联公司拆除脚手架暂时停止施工后，因脚手架拆除造成在建综合楼背面失去了现场防护，属于完全开放状态，且施工现场环境复杂，元联公司应考虑到毗邻学校及村社可能存在的安全隐患，但其不作为给学生及群众留下了存在安全隐患的活动空间，致使部分好奇的群众能够自行进出地下防震层，再者脚手架拆除时工程监理单位向元联公司下发了整改通知，但距离事故发生一年多时间里，元联公司不但未整改，甚至未派任何一名工作人员巡查过施工现场，完全放弃了自己应承担的现场防护义务，最终造成任某死亡的后果，元联公司不能因为盈江县教育体育局未按时支付工程款来免除自己应承担的法律责任，元联公司应为其不仅仅是过错推定而是确已存在的过错承担法律责任。盈江县教育体育局对施工场地存在的安全隐患是知情的，面对学生及周围群众多重复杂的局面，应尽可能地与元联公

---

① 参见云南省德宏傣族景颇族自治州中级人民法院（2020）云31民终625号案例。

司协商隐患排除问题，结合现实存在的问题经常性巡查、排查，防止安全事故的发生，且元联公司暂时撤离时，盈江县教育体育局对建筑工程负有维护管理的义务，虽元联公司现场防护缺失为施工现场留下了安全隐患，增加了维护管理的难度，但仅于2019年3月28日对临近学校部位进行了修缮，而对属于建筑工程一部分的地下积水坑未做到全面维护管理，更没有进行封堵，对造成任某的死亡不仅仅是过错推定责任，而是明显的过错责任。

9. 青岛九鼎立钢结构工程有限公司与胶州市安全生产监督管理局质量监督行政管理案①

裁判要旨：生产经营场所和员工宿舍应当设有符合紧急疏散要求、标志明显、保持畅通的出口、疏散通道。禁止占用、锁闭、封堵生产经营场所或者员工宿舍的出口、疏散通道。生产经营单位违反上述规定的，责令限期改正，可以处5万元以下的罚款，对其直接负责的主管人员和其他直接责任人员可以处1万元以下的罚款；逾期未改正的，责令停产停业整顿；构成犯罪的，依照《刑法》有关规定追究刑事责任。本案中，根据被上诉人现场执法检查视频记录及《现场检查记录》显示，上诉人生产车间存在未在有较大危险因素的行车、开式双柱固定台压力机上设置明显的安全警示标志和生产场所未设有符合紧急疏散需要、标志明显、保持畅通的出口的违法情形。

① 参见山东省青岛市中级人民法院（2018）鲁02行终296号案例。

10. 解三清、王川纳生命权、健康权、身体权纠纷再审审查与审判监督案①

裁判要旨：生产经营单位进行爆破、吊装、动火、临时用电以及国务院应急管理部门会同国务院有关部门规定的其他危险作业，应当安排专门人员进行现场安全管理，确保操作规程的遵守和安全措施的落实。本案中，吊车司机到达场地后，未安排专门人员进行现场安全管理，石块放置车辆内，站立人员接近被吊装石块，违反吊装物下严禁站人的操作规范，对场地不平整、运输车辆停放倾斜的作业环境，未及时发现也未立即报告，其主观上存在过失，违规作业行为直接导致闻浩峰被石块挤压致死的事故发生。在石块滑动挤压事故发生后，吊车司机既未积极施救，也未报告，却自行撤离现场，解三清承揽焦俊奇吊装石块业务，作为雇主以及吊车所有人、管理人负有不可推卸的民事责任。

11. 张连起、张国莉诉张学珍损害赔偿纠纷案②

裁判要旨：被告张学珍的经营活动全权代理人徐广秋在组织、指挥施工中，不仅不按操作规程办事，带领工人违章作业，而且在发现事故隐患后，不采取预防措施，具有知道或者应当知道可能发生事故而忽视或者轻信能够避免发生事故的心理特征。因此，这起事故是过失责任事故。经鉴定，张国胜死亡是工伤后引起的死亡，与其他因素

---

① 参见河南省平顶山市中级人民法院（2020）豫04民申39号案例。

② 参见最高人民法院公报1989年第1期第23页。

无关。我国《宪法》明文规定，对劳动者实行劳动保护。这是劳动者所享有的权利，受国家法律保护，任何个人和组织都不得任意侵犯。被告张学珍身为雇主，对雇员理应依法给予劳动保护。但她却在招工登记表中注明："工伤概不负责。"这是违反《宪法》和有关劳动法规的，也严重违反了社会公德，属无效民事行为。

12. 梁照垣、佛山市新华陶瓷业有限公司劳动合同纠纷再审审查与审判监督案①

裁判要旨：生产经营单位应当对从业人员进行安全生产教育和培训，保证从业人员具备必要的安全生产知识，熟悉有关的安全生产规章制度和安全操作规程，掌握本岗位的安全操作技能，了解事故应急处理措施，知悉自身在安全生产方面的权利和义务。未经安全生产教育和培训合格的从业人员，不得上岗作业；从业人员应当接受安全生产教育和培训，掌握本职工作所需的安全生产知识，提高安全生产技能，增强事故预防和应急处理能力。因此，根据上述法律规定，用人单位负有对从业人员进行安全生产教育和培训的法定义务，劳动者负有接受安全生产教育和培训、掌握本职工作所需的安全生产知识的法定义务。本案中，新华陶瓷业公司在2015年至2016年年初因安全生产事故、安全生产规章制度不完善、安全生产培训工作不落实、安全生产设备维护保养检测不符合规定等多次被相关职能部门责令限期改正并受到处罚。因此，新华陶瓷业公司利用部分生产线停产的时机，组织劳动者进行安全生产培训，是其履行法律规定的安全生产职责的具体措施，确有必要。作为劳动者，应当服从

① 参见广东省高级人民法院（2018）粤民申2431号案例。

培训安排，掌握本职工作所需的安全生产知识，提高安全生产水平。

13. 兰州宏建商品混凝土有限责任公司与兰州市城关区安全生产监督管理局行政处罚案①

裁判要旨：关于上诉人认为事故受害人并非上诉人单位从业人员，行政处罚适用法律错误的理由。2014年《安全生产法》第2条规定："在中华人民共和国领域内从事生产经营活动的单位（以下统称生产经营单位）的安全生产，适用本法；有关法律、行政法规对消防安全和道路交通安全、铁路交通安全、水上交通安全、民用航空安全以及核与辐射安全、特种设备安全另有规定的，适用其规定。"第49条第1款规定："生产经营单位与从业人员订立的劳动合同，应当载明有关保障从业人员劳动安全、防止职业危害的事项，以及依法为从业人员办理工伤保险的事项。"第58条规定："生产经营单位使用被派遣劳动者的，被派遣劳动者享有本法规定的从业人员的权利，并应当履行本法规定的从业人员的义务。"该法第49条和第58条是对生产经营单位从业人员的安全生产权利义务的特别规定，2014年《安全生产法》并未将安全事故的受害人限定为生产经营单位的从业人员。尽管本案事故中受害人并非上诉人单位的从业人员，但对于上诉人在生产经营过程中发生致他人死亡事故，被上诉人依据该法规定进行处罚并无不当。

① 参见兰州铁路运输中级法院（2017）甘71行终182号案例。

14. 兴化市正铨烟花爆竹经营部与兴化市安全生产监督管理局质量监督行为纠纷案①

裁判要旨：根据2014年《安全生产法》第66条的规定，负有安全生产监督管理职责的部门在监督检查中，应当互相配合，实行联合检查，发现存在的安全问题应当由其他有关部门进行处理的，应当及时移送其他有关部门并形成记录备查，接受移送的部门应当及时进行处理。本案中，兴化市安监局根据查处的情况，结合询问辖区内烟花爆竹批发企业相关负责人的情况，认为正铨经营部的行为涉嫌违反《烟花爆竹安全管理条例》第22条、《治安管理处罚法》第30条的规定，非法运输爆炸性危险物质（烟花爆竹），该行为超出了兴化市安监局管辖范围，遂根据2014年《安全生产法》第36条的规定，将案件移送公安部门进行审理，不违反法律规定。

15. 徐巧丽与临颍县城关镇人民政府、临颍县安全生产监督管理局乡政府行政纠纷案②

裁判要旨：居民委员会、村民委员会发现其所在区域内的生产经营单位存在事故隐患或者安全生产违法行为时，应当向当地人民政府或者有关部门报告。作为乡级人民政府，不仅具有对辖区内经营单位的安全生产状况进行监督检查的职能，对发现生产经营单位存在安全隐患的，及时进行报告更是应当履行的职责和义务。即使如此，权力

① 参见江苏省泰州市中级人民法院（2017）苏12行终223号案例。

② 参见河南省漯河市召陵区人民法院（2016）豫1104行初16号案例。

的行使也应遵守法定程序，在法定权限内行使。2016 年 11 月 11 日，被告镇政府在未经得原告同意的情况下，私自向临颍县房屋安全鉴定管理中心出具委托书，申请对原告位于颍川商贸城临人民路 4 层临街房房屋安全性进行鉴定，经鉴定，该房屋属于危险房。2016 年 11 月 17 日，被告安监局在涉案房屋处发布公告，公告涉案房屋为危险房，要求全面停止使用上述房屋。被告履行的安全检查职责，按照《城市危险房屋管理规定》未经房屋产权人同意，委托进行危房鉴定超越职权明显是错误的，是行政违法行为。

16. 仪陇县华益天然气有限责任公司与南充市公安局交通警察支队行政其他纠纷案①

裁判要旨：按照 2014 年《安全生产法》第 76 条第 1 款“国家加强生产安全事故应急能力建设，在重点行业、领域建立应急救援基地和应急救援队伍，鼓励生产经营单位和其他社会力量建立应急救援队伍，配备相应的应急救援装备和物资，提高应急救援的专业化水平”和第 79 条第 2 款“危险物品的生产、经营、储存、运输单位以及矿山、金属冶炼、城市轨道交通运营、建筑施工单位应当配备必要的应急救援器材、设备和物资，并进行经常性维护、保养，保证正常运转”之规定，原告应当配备必要的应急救援器材、设备和物资，应包含救险车，可在危险到来时，迅速施救，一方面可减少人民的生命、财产损失，另一方面也可减少企业经营损失。车辆使用性质由行业主管部门审查，故根据原告华益天然气公司经营性质、经营范围、经营区域及行业主管部门意见分析，原告应当配备救险车。

---

① 参见四川省南充市顺庆区人民法院（2015）顺庆行初字第 119 号案例。

本案原告华益天然气公司在使用期限届满前向被告交警支队申请延续工程救险车川 RM2911 使用证的使用期限，被告华益天然气公司以原告系民营企业，没有对公用设施抢险救援的法定职责为由，口头予以拒绝，此行为违背了 2014 年《安全生产法》第 76 条规定，确认其行政行为违法。

17. 国维标、夏香女等与象山县东陈乡人民政府民政行政管理纠纷案①

裁判要旨：本案中，被告诉称没有隐瞒不报、谎报或者迟报的行为。2014 年《安全生产法》第 81 条规定："负有安全生产监督管理职责的部门接到事故报告后，应当立即按照国家有关规定上报事故情况。负有安全生产监督管理职责的部门和有关地方人民政府对事故情况不得隐瞒不报、谎报或者迟报。"此条法律规定有关地方人民政府对事故情况不得隐瞒不报、谎报或者迟报的前提是生产经营单位发生生产安全事故。象山丹南城市建设投资有限公司与天海风（宁波）体育文化发展有限公司虽然签署了投资合作协议，但是项目建设截止日期为 2022 年 4 月，建设范围也是分步、分区、逐步推进，直至项目全部建成。到判决前，遇害者所处位置并未开始规划建设。同时，基于海滨沙滩的实际需求，完全没有办法将整片沙滩全封闭。同时，象山县公安局东陈派出所出具的居民死亡医学证明（推断）书死亡原因栏显示：未发现暴力性损伤致死迹象。现有证据从中排除了遇害者属于生产安全事故，地方人民政府没有报告的

① 参见宁波市海曙区人民法院（2020）浙 0203 行初 45 号案例。

义务。综上所述，针对原告的诉讼请求，被告依据相关事实和法律认为象山县东陈乡人民政府不是适格被告。法院也据此联系其他证据，依法驳回原告诉讼请求。

18. 李玉明、相桂先行政管理纠纷案①

裁判要旨：根据2014年《安全生产法》第83条第1款的规定，事故调查处理应当按照科学严谨、依法依规、实事求是、注重实效的原则，及时、准确地查清事故原因，查明事故性质和责任，总结事故教训，提出整改措施，并对事故责任者提出处理意见。事故调查报告应当依法及时向社会公布。根据《生产安全事故报告和调查处理条例》第30条第1款的规定，事故调查报告应当包括下列内容：(1) 事故发生单位概况；(2) 事故发生经过和事故救援情况；(3) 事故造成的人员伤亡和直接经济损失；(4) 事故发生的原因和事故性质；(5) 事故责任的认定以及对事故责任者的处理建议；(6) 事故防范和整改措施。根据上述规定，事故调查报告是地方政府为了加强安全生产管理，减少生产安全事故发生，对发生的生产安全事故依法进行事故调查后，对于事故发生经过、造成损失、原因、责任及整改措施等形成的认定意见和报告。根据《安全生产法》及《生产安全事故报告和调查处理条例》的立法目的，事故调查报告中的“事故责任认定”是指安全生产事故责任，不同于上诉人主张的作为民事赔偿依据的“责任认定”。事故调查报告是政府责令事故单位采取整改措施，对负有安全生产责任的单位和个人进行处罚和处

① 参见山东省高级人民法院（2018）鲁行终158号案例。

分的依据。事故调查报告本身并不设定事故受害方的权利义务。因此，本案中，上诉人李玉明、相桂先、冯玉滨虽是宏盛商场火灾事故的受损失一方，但事故调查报告并不涉及三上诉人的权利义务，被上诉人是否作出调查报告未侵害三上诉人的合法权益，原审法院据此认定三上诉人无本案原告主体资格并无不当。关于上诉人主张无事故调查报告无法主张民事赔偿，事故调查报告与上诉人有利害关系的上诉理由。

19. 温岭市燃气有限公司与温岭市住房和城乡建设局行政纠纷案①

裁判要旨：本案中，原告的债权人代表在原告场站内实行安全检查时，发现中国联合网络通信有限公司温岭市分公司信号塔建在距离燃气场站不足20米处。按照相关的法律、法规规定，信号塔至少要离开燃气站周围70米至100米的距离，否则存在严重安全隐患，随时危及人民群众的生命财产安全。于是，原告公司安全员林作华于2017年2月27日将要求消除外涉安全隐患的公司文件交给原温岭市住房和城乡建设规划局燃气处主任阮圣行，但一直没有收到回复，也没有落实消除安全隐患。温岭市住房和城乡建设局的行为违反了2014年《安全生产法》第87条第1款第4项“在监督检查中发现重大事故隐患，不依法及时处理的”规定，因此，法院判决其依法履行法定职责，排除安全隐患。

① 参见（2019）浙1081行初152号案例。

20. 青岛经济技术开发区黄浦纺织机械厂、青岛市黄岛区安全生产监管执法局再审审查与审判监督案①

裁判要旨：根据原审查明的事实，被申请人在安全生产检查中，发现再审申请人存在多项违法行为，如再审申请人存在未能如实记录安全生产教育和培训情况、3名从事电焊工作人员未按照规定经专门的安全作业培训并取得相应资格就上岗作业的违法情形，遂对再审申请人进行了调查处理，在被申请人下达限期整改指令书后再审申请人逾期未能整改，再审申请人法定代表人高泗宝在被申请人两次制作的现场检查记录和对其询问笔录上均签字确认，高泗宝作为完全行为能力人，应当知道在相应的调查材料上签字确认的法律后果。被申请人所作行政处罚经过指令整改、第二次现场检查、立案审批、处罚告知、听证告知、作出处罚决定并送达等程序，符合相关规定。因此，被申请人依据2014年《安全生产法》第94条第4、7项的规定，认定再审申请人有两项违法行为并分别裁量、合并处罚，符合《安全生产违法行为行政处罚办法》第53条的规定。

① 参见山东省高级人民法院（2018）鲁行申264号案例。

附录三　流程图表

安全生产行政执法流程图

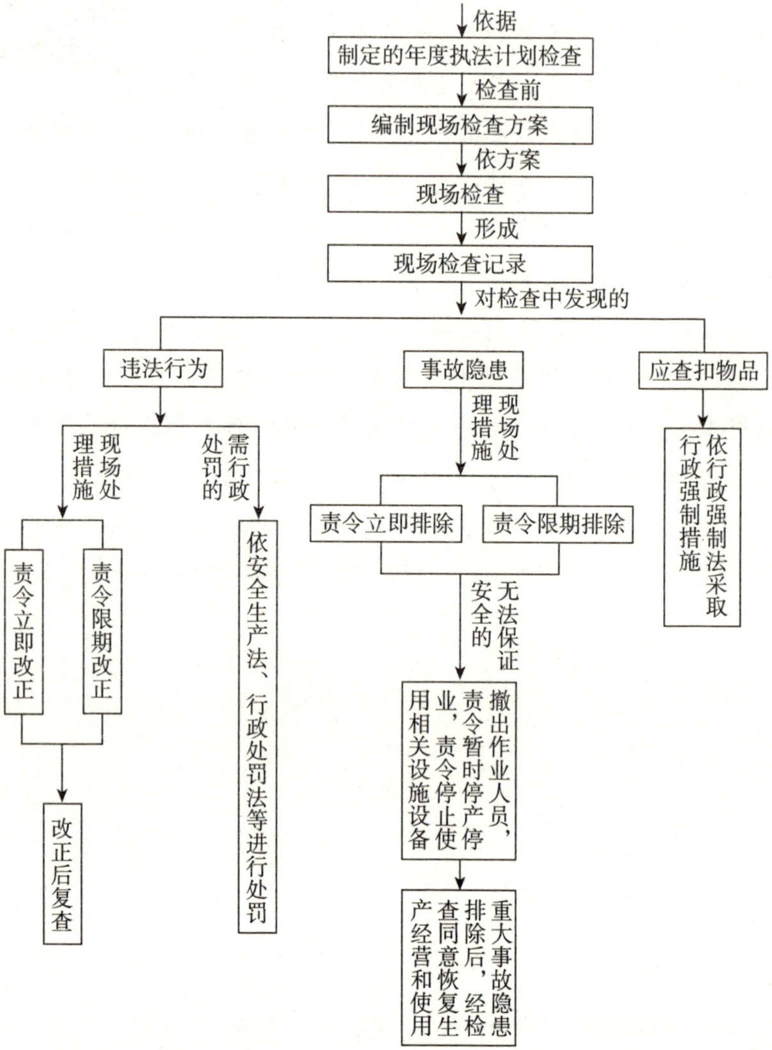

生产安全事故报告的一般程序

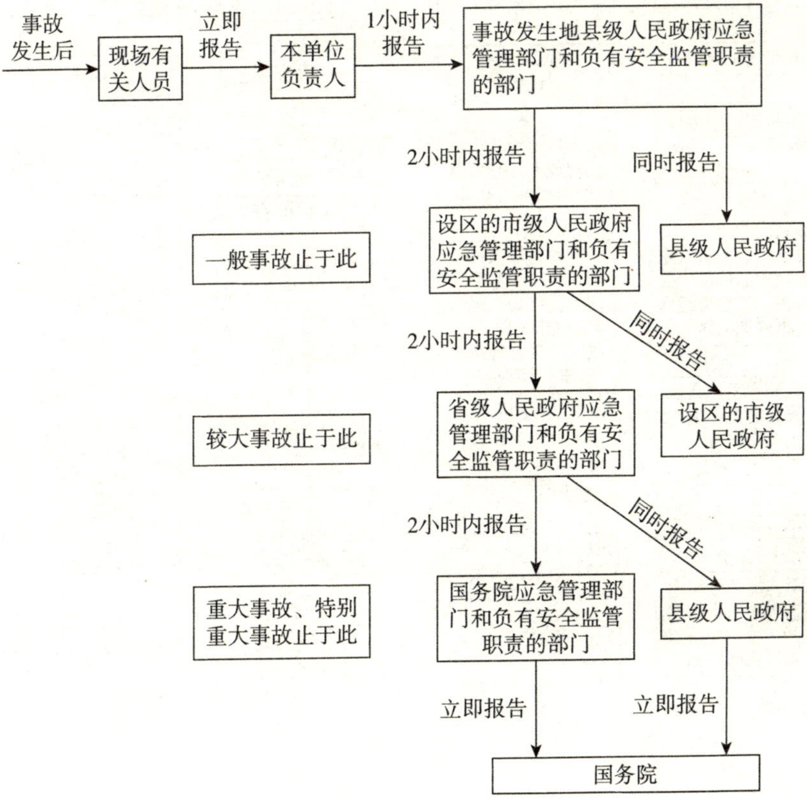

生产安全调查处理的一般程序

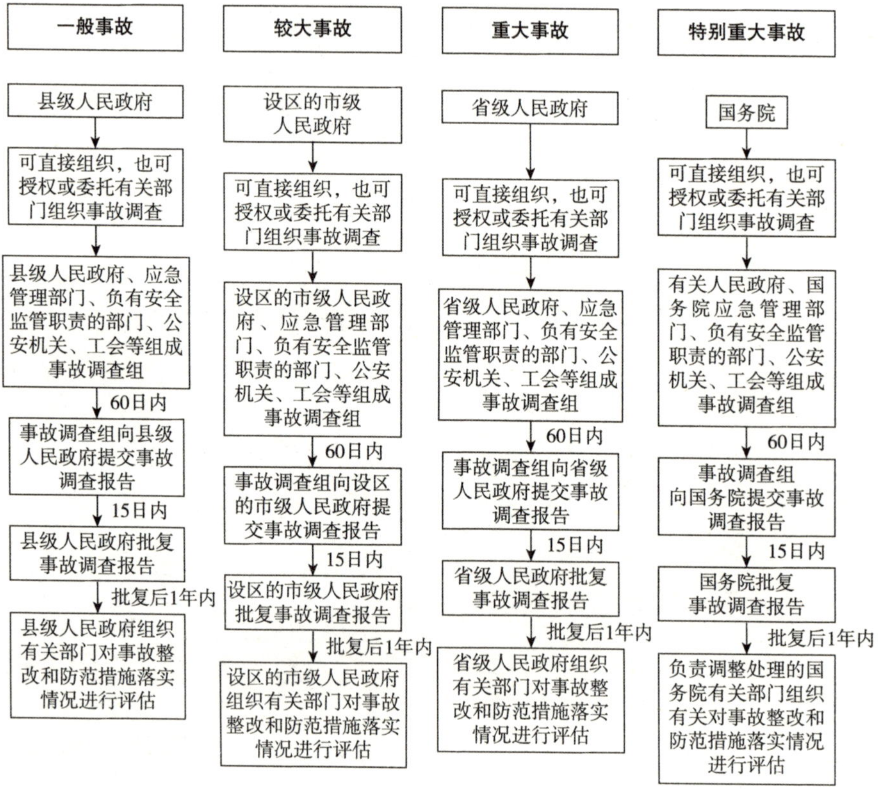